슬기로운 신앙생활

강희현 지음

슬기로운 신앙생활

발행　초판 1쇄 2021년　9월　9일
　　　　　2쇄 2021년 10월 21일

지은이 강희현
펴낸이 박준우

펴낸곳 리바이벌북스
디자인 리폼드미니스트리·디자인별
판권 ⓒ리바이벌북스

주소 경기도 의정부시 승지로 4, 4층
전화 070-8861-7355
www.revival153.com
E-mail revivalbooks@naver.com

ISBN 979-11-967181-6-9 (03230)
등록 제2015-000012호 (2015.03.27.)

카도쉬 아카데미와 함께 하는

슬기로운
신앙생활

강희현 지음

본 교재의 사용법

본 교재는 각 장(chapter)마다 아래와 같은 항목들이 있습니다. 아래의 글을 통해 각 항목이 어떤 식으로 구성되었는지를 확인하시고 사용하시기 바랍니다.

꼭 기억할 요점

본 교재는 각 장(chapter)의 주제마다 "꼭 기억할 요점"으로 총 3가지에서 5가지 정도로 요점을 정리했습니다.

이 요점들이 특정한 장에서는 쉬울 수 있지만, 다른 장에서는 어려울 수 있습니다. 되도록 교사(혹은 부모)분들은 공부를 시작하기 전에 먼저 내용을 잘 숙지하시길 권고 드립니다. 가르치는 분에게 권하고 싶은 교수 방법은 내용을 쭉 읽은 후, 교재가 제시하는 요점의 제목을 여러분의 말로 학생들에게 설명하는 겁니다.

예를 들어 〈1장 개혁주의란 무엇인가〉에서 꼭 기억할 요점의 1번 제목은 "중세 천주교회는 성경 + 비성경적 전통을 강조했다."입니다. 그러면 가르치는 분은 서술된 이하 내용을 읽고 충분히 이해한 후 학생들에게 요점의 제목을 중심으로 "중세 천주교회가 뭘까요?", 혹은 "성경 + 비성경적 전통이 무슨 뜻일까?" 이런 식으로 질문을 던지고 설명하거나 교사가 주도적인 설명을 하면서 이 요점의 제목을 학생들이 이해하도록 하면 됩니다.

이렇게 설명한 뒤 교재에 기록된 설명을 소리 내서 읽도록 하는 것도 유익합니다. 중요한 건 꼭 기억할 요점에서 그 요점의 제목들을 학생들이 이해하도록 잘 전달해 주시면 됩니다. 그걸 목표로 한다면 다양한 교수 방법을 얼마든지 생각해 볼 수 있으리라 생각합니다.

더 생각해 볼 ... 혹은 더 기억하면 좋은 ...

"더" 부분은 학생이 어려워할 경우 건너뛰셔도 되지만, 교사분들이 무작정 건너뛰지 마시고 사전에 충분히 읽어보시기를 권합니다. 왜냐하면 이 부분은 꼭 기억할 요점을 설명하는 데 도움이 되는 내용이 많기 때문입니다. 또 학생이 본 교재를 읽어보고 질문할 수 있기 때문에 교사분들은 이를 숙지하시는 게 좋으리라 생각됩니다. <더 기억하면 좋은 신앙고백서>나 <대요리문답>은 너무 어려우면 건너뛰셔도 되고, <소요리문답>에 경우는 짧기 때문에 되도록 학생들이 암송하도록 시키는 게 좋습니다.

꼭 생각해보기

마지막으로 서로 나눌 수 있는 질문을 제시했지만, 질문도 다소 난이도가 각양각색입니다(난이도 조절이 잘 되지 못한 점은 양해 바랍니다). 따라서 교사분들이 질문을 읽어보시고 그냥 건너뛰셔도 됩니다. 무엇보다 가장 좋은 방법은 학생들의 수준에 맞춰서 교사분들이 직접 질문을 만드는 것입니다. 아마 꼭 기억할 요점을 잘 숙지하신다면 질문을 제작하는 것도 어렵지 않으실 겁니다.

밑에 달린 각주(footnote)

각주는 설명에 대한 근거를 제시합니다. 주로 개혁주의 교회의 문서에 해당하는 〈웨스트민스터 표준문서〉, 〈하이델베르크 요리문답〉, 〈벨직 신앙고백서〉를 인용했습니다. 필요에 따라 잘 알려진 건전한 개혁주의 학자들의 책들도 조금씩 인용했습니다. 교사분들은 한번 읽어보시고 학생들과 공부 과정에서 필요하시면 언급하시고 불필요할 경우에는 그냥 건너뛰셔도 됩니다.

영상의 사용법

본 교재에서의 각 장(chapter)의 순서와 유튜브(채널명: 카도쉬TV) 〈슬기로운 신앙생활〉(교리)의 순서는 동일합니다(단, 교회의 속성은 교재에서 1장으로만 다루었으나 영상에서는 두 편입니다). 하지만 본 교재와 유튜브는 내용상 차이가 있고 영상에서 다루지 못한 부분을 본 교재가 더 세세하게 다루고 있습니다.

영상과 교재를 함께하며 교육해야 학습자에게 더 큰 효과가 있을 것입니다. 영상을 틀어놓고 학생들이 알아서 교재를 읽도록 내버려 두는 건 아무런 도움이 되지 않습니다. 무엇보다 교사의 직접적인 지도가 없이 그냥 영상으로만 따라보도록 하는 교육은 애초에 원리적으로 아이들의 신앙에 전혀 유익하지 못함을 아셔야 합니다.

따라서 영상은 복습용, 혹은 예습용으로 학생들이 개인적인 시간에 짧게 볼 수 있도록 하고, 본 교재는 교사나 부모님이 직접 내용을 숙지한 뒤에 요점을 중심으로 학생과 대화하고 또 설명하면서 대면으로 교육하는 것이 좋습니다.

마지막으로 신앙교육은 단순히 지식을 쌓는 입시 공부와 다르다는 걸 우리가 반드시 기억해야 합니다. 신앙교육은 말 그대로 신앙(faith), 곧 믿음의 문제입니다. 따라서 가능한 교수 방법은 학생과 직접 소통하고 대화하는 방법을 택하는 것이 좋다고 생각합니다.

추천사

코끼리가 어떻게 생긴 동물인가를 알려면 코만 만져 보거나 다리만 만져 보아서는 안 되고 코끼리 전체를 보아야 합니다. 이처럼 기독교가 무엇인가를 알기 위해서는 짧고 단편적인 본문공부만으로는 미흡하고 기독교의 핵심교리 전체를 통전적으로 소개해야 합니다.

금번에 출간된 〈슬기로운 신앙생활〉은 중고등부 학생들의 수준에서 이 요구를 잘 충족 시켜 줍니다. 이 책은 정통적이고 개혁주의적 관점에서 기독교의 핵심 교리들을 중고등부 아이들의 눈높이에 맞추어서 설명하고 있으며, 동영상 강의를 추가하여 입체적인 소개를 시도하고 있습니다. 본서의 출간을 기쁘게 생각하며, 이 책을 중고등부 학생들을 위한 기독교 교재로 적극 추천합니다.

이상원 (전 총신대학교 신학대학원 조직신학 교수, 카도쉬 아카데미 고문)

추천사

저는 자라오면서 교리교육을 받아본 기억이 없습니다. 그저 성경만 읽고 잘 알면 된다는 생각뿐이었습니다. 그러다 서른이 넘어 뒤늦게 교리를 발견하였고, 성경을 선명하게 볼 수 있는 큰 유익을 얻었습니다. 교리를 멀리했던 것은 오해 때문이었습니다. 교리는 고리타분하고 특정 교단의 것이며 교리를 배우느라 성경을 멀리하리라 생각했습니다. 그러나 모두 정반대입니다. 한국교회도 성경 읽기는 강조하지만, 교리를 터부시하는 모습은 이와 같은 오해 때문이라고 봅니다.

강희현 강도사가 저희 교회 부교역자로 부임하여 1년간은 교회사를, 1년간은 교리교육을 인도하면서 성도들은 모두 큰 유익을 누렸고 신앙 성장을 보였습니다. 그러던 중 교육하는 이 내용이 널리 퍼져갔으면 하고 소망하던 중 영상을 촬영하게 되었고, 지금은 책으로도 나오게 되어 얼마나 기쁜지 모릅니다.

가정에서 부모가 책과 영상을 통해 먼저 배우고 아이들과 함께 나눈다면, 부모·자녀가 믿음으로 바로 설 뿐 아니라 시대를 바로 분별할 수 있는 눈도 갖게 되리라 기대합니다. 굵직한 내용을 다룬 영상과 책을 통해 큰 유익을 누리실 겁니다.

이재욱 목사 (참사랑교회 담임, 카도쉬 아카데미 공동대표)

추 천 사

위기의 시대를 맞아 다양한 지체들과 교제하며 발견하는 당황스러운 현상은 한국교회가 교리의 중요성은 강조하면서도 정작 교회 내에서의 교리교육이 부재하다는 사실입니다. 이는 역으로 교인들의 교리교육에 대한 열망이 크다는 점과 영적 분별력의 취약성으로 인해 빛과 소금의 역할을 제대로 감당 못 하고 있음을 뜻하기도 합니다.

이에 부응하여 이번에 출간된 강희현 강도사의 〈슬기로운 신앙생활〉은 많은 도움이 될 것입니다. 성경적인 교리 전반을 다루기에는 아쉬운 부분이 없지 않으나 우리의 자녀의 신앙과 신학을 지도하는 데 큰 도움이 될 것입니다.

박광서 목사 (큰사랑교회 담임, 기독교미래인재연구원 대표)

추천사

위기를 맞이한 한국교회를 보면서 교회들이 성장에만 관심 둔 결과가 얼마나 참혹한지 체감합니다. 주변의 깨어있는 기독교인들과 대화를 나누다 보면 거의 예외 없이 이런 참혹한 현실 속에서 자녀들을 어떻게 가르쳐야 할지 고민하는 것을 흔하게 봅니다. 세상은 4차 산업 시대로 진입하고, 정치와 문화는 급속도로 변화되고 있지만, 애석하게도 대부분 교회들은 이런 메가톤급 변화에 속수무책인 상황입니다. 정말 한국교회는 위기 상황에 있음이 분명합니다.

그러나 우리가 흔히 하는 말처럼 위기는 기회입니다. 물론 아무에게나 위기가 기회로 주어지는 것은 아닙니다. 위기 앞에 위축되지 않고 당당하게 대처하는 성도나 교회에만 해당합니다. 위기 앞에 이런 태도를 견지하는 성도나 교회들에게 위기는 도리어 도약과 발전을 위한 디딤돌이 됩니다. 이런 차원에서 카도쉬 아카데미의 강희현 강도사의 신간 서적 〈슬기로운 신앙생활〉은 위기 시대에 성도들과 자녀들에게 도약의 발판을 제공하기에 충분하다고 말씀드리고 싶습니다. 교회뿐 아니라 홈스쿨링을 하는 가정에서도 이 책은 분명히 큰 괴력을 과시할 것입니다.

김민호 목사 (회복의교회 담임, 카도쉬 아카데미 자문위원)

추천사

건물을 지을 때는 뼈대를 세우는 기초 작업이 가장 중요합니다. 기초 작업이 다소 미흡하다면 그 문제점이 처음에는 나타나지 않는다 해도 시간이 지날수록, 그리고 건축물의 높이가 높아질수록, 거센 바람과 창수가 올 때 급격히 무너지게 됩니다. 우리의 신앙도 이와 같습니다. 바른 교리로 뼈대를 건강히 세우지 않으면 그것이 어느 정도까지는 큰 무리가 없어 보이지만, 교리의 결핍과 부재로 인한 문제점은 반드시 나타나게 되어 있습니다.

최근 혼란스러운 사회적 이슈의 문제를 교회들이 많이 다루기 시작하면서 교회의 사명적 관점에 관한 논의가 활발하게 일어나고 있는데, 반면에 교리교육의 중요성이 점점 퇴색되어가고 있습니다. 이런 상황 속에서 강희현 강도사의 〈슬기로운 신앙생활〉의 출간은 복되고 아름다운 소식입니다.

이 책은 유튜브 카도쉬tv에서 진행한 "슬기로운 신앙생활"을 기반으로 보강된 책이며, 각 챕터마다 해당 유튜브 영상의 QR코드가 있어서 교재와 영상을 함께 사용하여 교육을 받고, 또 교육을 진행할 수 있는 좋은 교과서입니다. 모든 주제를 세밀하게 다루진 않았지만, 청소년에게 필요한 주제와 내용을 잘 정리한 책입니다. 메마른 땅 위에 마중물 역할을 톡톡히 할 책으로 이 책을 추천합니다!

박준우 목사 (동행교회 담임, 리바이벌북스 편집장)

차례

카도쉬 아카데미와 함께 하는

슬기로운
신앙생활

"오늘날 우리에게 하나님의 말씀은 오직 성경밖에 없습니다!"
"우리 신앙생활의 유일한 기준은 성경뿐입니다!"
"성경은 부족함이 없는 하나님 말씀입니다!"

이런 구호들은 모두 분명하게 맞는 말입니다. 성경은 분명 우리 신앙에 있어서 유일하고 절대적인 기준이고, 유일하고 부족함이 없는 하나님의 말씀입니다.

우리는 왜 교리를 배워야 할까요?

그 이유는 성경이 부족해서가 아니라, 우리가 부족하기 때문이에요. 다시 말해 성경은 하나님의 말씀으로 오류가 없고 완전하지만, 우리가 연약하기 때문입니다. 우리는 우리 자신의 연약함으로 인해 성경을 잘못 해석하여 큰 오류에 빠질 수 있습니다. 그래서 교리를 통해 신앙의 선조들이 정리해 놓은 개념들을 배워야 하는 겁니다.

성경이 교과서라고 한다면 교리는 참고서와 같습니다. 성경은 완전하지만, 우리가 부족하여서 신앙의 선조들이 잘 정리해 놓은 교리를 통해 성경의 중요한 개념들을 올바르게 배우는 겁니다. 마치 어린아이가 항상 부모의 지도를 받아야 하듯이 우리도 스스로 부족함을 겸손히 인정하고, 교리를 통해 선조들의 지혜를 잘 듣고 배우는 거예요.

어떤 분들은 간혹 이렇게 말합니다. "성령께서 다 알려 주시는데 교리를 왜 배웁니까?" 그러나 이것은 성령의 일하심을 너무 비좁게 생각한 겁니다. 마치 눈만 감고 있으면 성령께서 진리를 머릿속에 다 넣어주실 것으로 생각하는 것이지요. 그러나 정통교회는 성령의 일하심을 이런 식으로 이해한 적이 단 한 번도 없습니다. 마치 입만 벌리고 있으면 입속에 음식을 알아서 넣어주시듯이 우리에게 완전히 기계적으로 역사하시지 않는 거예요.

성경에 따르면 성령은 교회의 영이십니다. 성령께서는 내 안에만 계시는 게 아니라 우리 신앙의 선조들과도 함께 하셨습니다. 쉽게 말해 우리가 성경의 진리를 배울 때 성령의 조명으로 **"성령 → 나"**로 알도록 도우시기도 하지만, **"성령 → 교리 → 나"**라는 방법으로 알려 주심을 기억해야 합니다.

우리 선조들과 우리는 분명 같은 성령 안에서 같은 성경을 읽습니다. 따라서 우리는 그분들과 같은 신앙을 가져야 하고, 그러기 때문에 우리는 당연히 교리를 배워야 합니다. 성경에서 사도 바울은 "하늘로부터 온 천사라도 우리가 전한 복음 외에 다른 복음을 전하면 저주를 받을지어다"(갈1:8)라고 강하게 경고합니다. 성령께서는 갈라디아 교인들에게 직접 진리를 알려주실 수 있었겠지만, 신앙의 선배인 사도 바울을 통해 진리를 배우도록 하십니다. 이처럼 우리는 성령께서 신앙의 선조들이 정리해 놓은 교리를 통해 성경의 진리를 올바로 깨닫도록 하신다는 사실을 기억해야 합니다.

특히 오늘날은 거짓 신앙이 팽배한 시대입니다.

수많은 이단도 매일 성경을 열심히 읽고 있습니다. 그리고 성경에서 깨달은 것들을 가지고, 성령께서 주신 진리라고 외칩니다. 그리고 많은 사람을 미혹하지요. 그러면 우리는 그들의 주장이 진리인지, 거짓인지를 무엇으로 분별할 수 있을까요? 그냥 우리의 느낌으로 분별할 수 있을까요? 눈물이 날 정도로 감동적이면 진리이고, 이것이 없다면 거짓일까요?

그런 눈물 나는 감동은 사탄도 줄 수 있고 세상에 이야기들도 이런 감동을 줄 수 있습니다. 이런 느낌으로는 아무것도 온전히 분별할 수 없습니다. 우리는 이런 느낌에 의존한 신앙이 아니라, 교리를 통해 분명한 기준이 있는 신앙을 해야 합니다. 아무리 큰 감동이 있어도 사도 바울이 전한 복음 이외에는 거짓 복음이듯이 말이에요. 따라서 우리는 사도들의 복음을 충실히 따랐던 신앙의 선조들이 정리해 놓은 그 교리를 통해 성경의 진리를 구체적이고 명료하게 배워야 하는 겁니다.

그러므로 본 교재는 우리 신앙생활에 꼭 필요한 교리의 주요 개념들을 몇 가지 요점으로 간단하게 정리했습니다. 부족한 부분이 있다면 넓은 마음으로 양해해 주시고, 교사분께서 유연하게 교정하셔서 활용해 주시면 감사하겠습니다. 무엇보다 본 교재는 전통적인 장로교회 신학에 해당하는 개혁주의 신학을 토대로 작성되었습니다. 따라서 다른 개신교 교단과 다른 부분이 있을 수 있습니다. 하지만 모든 내용을 건전한 개신교회의 테두리 안에서 포용적으로 설명하려고 노력했기 때문에 독자분들이 이점도 양해해 주시고, 다른 견해가 있더라도 적절하게 수정하셔서 사용하시면 감사하겠습니다.

* 꼭 기억할 요점들

1. 중세 천주교회는 성경+ 비성경적 전통을 강조했다.

천주교회는 중세 시대에 온 유럽을 1000년이나 지배했던 교회입니다. 그리고 이런 긴 세월 동안 그들은 성경뿐 아니라, 새로운 전통을 만들어 성경과 똑같이 중요하게 여겼습니다. 성경이 말하지 않은 내용, 성경의 근거가 전혀 없는 전통을 만들어 그것을 마치 성경 말씀처럼 떠받들도록 했던 겁니다.

대표적으로 마리아 무죄 잉태설이 있습니다. 예수님을 낳은 마리아도 예수님처럼 죄가 없다는 주장입니다. 이건 성경에서 어떤 근거도 찾을 수 없습니다. 그런데 이들은 이런 전통을 만들어 마리아를 중보자로 삼고, 그녀의 이름으로도 기도하도록 성도들을 가르쳤던 겁니다.

2. 개혁주의는 중세 천주교회의 타락으로 발생한 개혁(Reform) 운동이다.

16세기에 천주교회가 이렇게 성경에 없는 전통들을 계속 만들어내자 이것들이 옳지 못함을 깨닫고 외쳤던 사람들이 등장했습니다. 그들은 바로 종교개혁가입니다. 대표적으로 마틴 루터[Martin Luther][1]가 있습니다. 이들은 성경에 기록되지 않는, 혹은 근거가 없는 모든 전통을 없애고 **오직 성경**에 의해 교회를 개혁(Reform)할 것을 주장했습니다. 이런 종교개혁가들의 운동과 사상을 우리가 **개혁주의**라고 부르는 겁니다.

3. 개혁주의는 성경을 최고의 권위로 둔다.

여기서 오해할 수 있는 건 개혁주의가 전통을 완전히 무시한다고 생각하는 겁니다. 그러나 사실은 전혀 그렇지 않습니다. 개혁주의는 천주교회의 비성경적 전통을 거부하고 오직 성경이라는 최고의 권위(하나님의 말씀) 아래 **성경적 전통**을 새롭게 세워가는 겁니다.

2019년은 마틴 루터[Martin Luther]의 종교개혁이 일어난 지 500주년이 되던 해였습니다. 개혁주의도 500년이라는 긴 세월을 보냈으며 이것은 오늘날 개신교회의 역사라고 볼 수 있습니다. 우리 개신교회는 이미 종교개혁 이후로 천주교회와 다른 전통과 교리를 보유하고 있습니다. 우리는 어디까지나 성경에 근거를 두는 성경적 전통과 성경적 교리를 추구한다는 사실을 기억해야 합니다.[2]

---

1) 흑인 목사 "마틴 루터 킹"과는 전혀 다른 사람입니다.
2) 물론 오직 성경에 따른 "성경적 전통"과 "성경적 교리"는 "성경을 어떻게 해석할 것인가"에 따라 달라질

따라서 개혁주의를 한 줄로 정리하면,

개혁주의는 **오직 성경으로 돌아가자**라는 구호를 가지고,

16세기 종교개혁 운동을 시작으로

오늘날까지 형성된 성경적 신학의 총체적 개념입니다. [3]

수 있습니다. 이건 Five Solas 중 "오직 성경"에서 생각해보도록 해요.

3) 더 자세히 말하면, 개혁주의는 종교개혁가(칼빈, 츠빙글리, 루터)의 성경적 가르침을 시작으로 훗날 작성된 "개혁주의 신앙고백서"를 온전히 받아들이는 지로 구분됩니다. 이 신앙고백서는 대표적으로 장로교회의 신앙 표준에 해당하는 웨스트민스터 신앙고백서(대소요리문답), 또 하이델베르크 요리문답, 벨직 신앙고백서, 도르트 신경 등이 있습니다. 당연히 이 신앙고백서들은 "오직 성경"에 철저히 근거해서 작성된 개혁주의 교회의 공적 문서입니다.

1. 중세 천주교회의 문제점은 무엇일까요?

2. 중세 천주교회에 대항하여 종교개혁가들은
   무엇을 강조했나요?

3. 개혁주의를 한 줄로 정리하면,
   개혁주의는 (   )라는 구호로,
   16세기 (   ) 운동을 시작으로,
   오늘날까지 형성된 (   )입니다.

"오직 성경이란 무엇일까요?"

(※ 본 장부터는 종교개혁의 표어라고 불리는
'다섯 가지 오직'(Five Solas)를 살펴볼 겁니다.
종교개혁 당시 개혁주의 신학은 무엇을 가장 핵심으로 여겼을까요?
'다섯 가지 오직'을 통해 함께 살펴봅시다.)

* 꼭 기억할 요점들

1. 오직 성경은 신앙의 책으로서 오직이다.

성경은 하나님께서 원하시는 인생의 모든 답을 알려주지 않습니다. 오늘 저녁에 무슨 음식을 먹어야 할지, 내일 무슨 옷을 사야 할지, 무슨 신발을 사야 하나님이 기뻐하실지 알려주는 그런 책이 아니라는 거예요. 우리가 성경을 가지고 억지로 모든 답을 찾으려 하다 보면 쉽게 이런 오류에 빠질 수 있는 겁니다.

그렇다면 성경은 도대체 무슨 책일까요?

웨스트민스터 소요리문답 3문은 성경이 "성도가 무엇을 믿어야 하고, 성도의 본분이 무엇인지"를 알려준다고 말합니다. 간단히 말해, 성경은 과학

책, 역사책, 도덕책이 아니라, **신앙의 책**입니다. 따라서 우리는 성경을 읽을 때 회사원, 과학자, 철학자의 눈이 아니라, 언제나 성도라는 자신의 정체성을 가슴에 새기고 천천히 읽으면 올바로 이해할 수 있는 거예요!

2. 성경에 안 나와도 성경적 원리를 생각해야 한다.

우리는 21세기를 살면서 성경에 나오지 않는 다양한 문제들을 마주하게 됩니다. 특히 담배, 도박 같은 문제들 때문에 때때로 근심하게 됩니다. 이런 문제들은 성경에 나오지 않습니다. 그래서 자칫 "성경에 없으니까 마음대로 해도 되겠다."라고 생각할 수 있는데 전혀 그렇지 않습니다. 우리는 성경을 통해 하나님이 말씀하시고자 하는 그 원리(혹은 의도)를 잘 파악해서 이런 것들을 분별해야 합니다.

예를 들어 담배의 경우는 중독성이 있고, 건강에 안 좋다는 사실을 근거로 성경에 기록된 술에 관한 말씀에서 원리를 뽑아내서 이해할 수 있습니다. 또 도박의 경우는 "일하지 않은 자는 먹지도 말라"(살후3:10)는 말씀에 근거하여 요행으로 돈을 버는 도박이 잘못됐음을 지적할 수 있지요. 따라서 성경이 모든 답을 말하지 않지만, 성도로서 우리가 이 시대에 지켜야 할 것들은 분명히 있습니다. 그리고 이런 것들을 성경적 원리로 잘 분별해야 합니다.

3. 오직 성경은 오직 전체 성경이다.

개혁주의 교회들은(특히 장로교회) 성경을 아주 중요하게 여깁니다. 그러나 사실 이단들도 성경을 중요하게 여깁니다. 그러면 왜 이단과 우리는 모두 성경을 중요하게 여기는데 왜 이렇게 큰 차이가 있는 걸까요?

성경 해석이 다르기 때문입니다.

이단들은 성경을 항상 부분적으로 해석하는 경향이 있습니다. 어느 한 구절만 보고 그것만으로 해석하는 겁니다. 예를 들어 예수님은 "아버지가 나보다 크심이라"(요14:28)라고 말씀하십니다. 그러면 이단은 이 구절만 보고 예수님이 하나님보다 작으니까 그냥 사람이라고 해석하는 거예요. 또 구약에는 안식일을 "영원히 지킬 규례"(레16:31)라고 말하니까 이 구절만 보고 토요일을 안식일로 계속 지켜야 한다고 주장하는 겁니다.

그러나 우리는 이렇게 한 부분만 보고 해석해선 안 되며 항상 "전체 성경"을 고려해야 합니다. 예수님과 성부 하나님의 관계는 전체 성경에 이와 관련된 구절들을 함께 살펴보며 조화롭게 해석해야 합니다. 또 구약의 말씀도 언제나 신약의 말씀과 조화롭게 해석해야 합니다. 따라서 오직 성경은 "오직 전체 성경"이라고 해도 과언이 아닙니다. 만일 우리가 한 부분만 보고 자꾸 해석하면 자칫 성경으로 소위 악마의 편집을 할 수 있다는 걸 잊어선 안 되는 거예요!

* 꼭 생각해보기

1. 성경은 우리에게 무엇을 알려주는 책일까요?

2. 오늘날 성경에 나오지 않는 문제들은

   마음대로 해도 되는 걸까요? 아니면 어떻게 분별해야 할까요?

3. 이단과 정통교회의 성경 해석 방법에는 중대한 차이가 있습니다.

   그것이 무엇일까요?

"오직 믿음이란 무엇일까요?"

* 꼭 기억할 요점들

1. 오직 믿음은 믿음으로 모든 문제를 해결하라는 뜻이 아니다.

학생이 학교에서 시험을 잘 보려면 어떻게 해야 할까요? 오직 믿음으로만 시험 점수 만점을 받을 수 있을까요? 전혀 그렇지 않죠. 당연히 학생은 공부를 열심히 해야 좋은 점수를 얻을 수 있습니다. 이처럼 오직 믿음은 이 세상의 모든 문제를 믿음으로만 해결하라는 뜻이 아닙니다. 만일 학생이 좋지 못한 점수를 받았는데 "너는 믿음이 없어서 그렇게 된 거야."라고 말한다면 그 말은 잘못된 말입니다.

2. 오직 믿음은 구원에 있어서 오직 믿음이다.

중세 천주교회는 사람이 구원을 얻으려면 〈믿음 + 선행〉이 필요하다고 가르쳤습니다[4]. 믿음으로는 구원에 필요한 의를 얻을 수 있으나, 살면서 범한 죄는 선행으로 해결해야 한다는 거예요. 그래서 그들은 선행을 빙자하여

---

4) "다섯 가지 오직"(Five Solas)은 중세 천주교회의 잘못된 가르침을 바로잡는 종교개혁자들의 가르침과 관련이 큽니다. 자세한 내용은 1강 "개혁주의란 무엇일까요?"를 참고하시기 바랍니다.

돈(면벌부)을 요구하기도 했고요. 또 성스러운 계단이라는 곳을 만들어 그 계단을 무릎으로 오르며 자신의 죗값을 처리하도록 가르쳤던 겁니다. [5]

그러나 우리의 선배 종교개혁자들은 성경에서 중요한 진리를 발견했는데, 그것이 곧 **"오직 믿음으로만 구원을 얻는다."**라는 진리입니다. 성경에서 사도들이 누누이 말하듯이 "믿음의 결국, 곧 영혼의 구원"(벤전1:9)입니다. 따라서 우리 개신교회는 구원에 있어서 〈믿음 + 선행〉을 말하지 않습니다. 죄의 값은 우리가 해결하는 게 아닙니다.

우리는 예수님의 십자가를 기억해야 합니다.

예수님은 우리의 모든 죄를 해결하려고 십자가를 지셨습니다. 어떤 일이 있어도 그 십자가를 무의미하게 만들어선 안 됩니다. 따라서 우리는 오직 예수님을 믿음으로 모든 죄가 용서를 받고 의인이 되는 겁니다. 신자는 오직 믿음으로 말미암아 구원을 얻습니다.

3. 구원에 있어서 오직 믿음, 삶에 있어서 믿음, 소망, 사랑, 인내...

우리는 오직 믿음으로만 구원을 얻습니다. 그러나 믿음으로만 구원을 얻은 하나님의 자녀가 됐다고 해서 삶이 막무가내가 되어선 안 됩니다. 믿

---

5) 천주교회는 사후세계에 대해 "천국"과 "지옥" 외에도 "연옥"(Purgatory)이라는 곳이 있다고 주장합니다. 그래서 믿음으로 "의"를 얻었지만, "죄의 값"을 생애에서 다 해결하지 못하면, 죽은 후 연옥에서 다 해결하고 난 뒤 비로소 천국에 갈 수 있다고 주장합니다. 그래서 되도록 "선행"(고행)으로 죗값을 이 땅에서 다 해결하라고 권합니다. 그러나 이건 성경적 근거도 없으며, 우리의 죗값을 친히 다 짊어지신 예수님의 십자가를 모독하는 일입니다.

음으로만 구원을 얻은 하나님의 자녀는 삶 속에서 그에 합당한 열매를 맺어야 합니다. 그래서 우리의 삶은 믿음 외에도 사랑, 소망, 희락, 인내, 오래 참음과 같은 다양한 성령의 열매(갈5:22)를 맺어야 합니다. 학생은 오직 믿음으로 구원을 얻었기 때문에 구원받은 자녀로서 믿음과 함께 열심히 공부해야하고, 직장인은 열심히 일하며 성경 말씀에 순종하는 삶을 살아야 합니다.

사도 야고보는 "이와 같이 행함이 없는 믿음은 그 자체가 죽은 것"(약2:17)이라고 우리에게 가르칩니다. 오직 믿음으로 구원을 얻었으면 구원 얻은 사람으로서 합당한 삶(선행)이 뒤따라야 합니다. **우리는 믿음과 선행으로 구원을 얻는 것이 아닙니다.** 우리는 오직 믿음으로 구원을 얻었기 때문에, 믿음만으로 너무나 큰 은혜를 얻었기 때문에, 감사하는 마음으로 이에 합당한 삶을 살아야 합니다.

* 꼭 생각해보기

1. 구원을 얻으려면, 우리에게 무엇이 있어야 할까요?

   천주교회와 개신교회의 차이도 함께 서술해봅시다.

2. 구원을 얻기 위해 천주교회는 "이것"과 "이것"이 함께 필요하다고 합니다.

   이 중에 "하나"는 맞지만 "다른 하나"는 틀렸어요. "다른 하나"는 왜 틀렸는지,

   이것이 어떤 문제가 있는지 한번 서술해봅시다.

   힌트: 예수님의 십자가를 생각해보세요.

3. 교회를 잘 다니는 학생이 학교 시험에서 안 좋은 점수를 받았습니다.

   왜 안 좋은 점수를 받았을까요? 또 이 학생은 앞으로 어떻게 해야 할까요?

   신앙적으로 필요한 것들도 함께 생각하며 말해봅시다.

* 꼭 기억할 요점들

1. 그리스도는 기름 부음을 받은 자라는 의미이다.

우리가 예수 그리스도라는 말을 일상적으로 쓰지만, 의미를 모르고 그리스도가 마치 예수님의 이름처럼 착각하기도 합니다. 그러나 그리스도라는 말은 구약의 메시아와 똑같이 "기름 부음을 받은 자"를 뜻합니다. 일종의 호칭에 해당하는 거예요. 따라서 예수 그리스도는 기름 부음을 받으신 예수님이라는 뜻입니다.

2. 구약에서 기름 부음을 받은 자는 왕, 제사장, 선지자로 등장한다.

성경을 읽어보면 기름 부음을 받은 자들은 항상 왕이 되거나, 제사장, 선지자가 되는 모습을 찾아볼 수 있습니다. 즉, 이들은 기름 부음을 받아서 이스라엘의 거룩한 직분자가 되는 거예요.

3. 구약에서 왕, 제사장, 선지자는 이스라엘의 중보자 일을 했다.[6]

구약의 이스라엘은 하나님의 다스림을 받고, 또 하나님을 예배합니다. 하지만 성경을 잘 보면, 하나님은 이스라엘을 직접 다스리거나 백성들이 직접 예배하게 하지 않습니다. 항상 하나님과 사람 사이에 누군가가 중간에서 징검다리 역할을 합니다. 이 사람들이 바로 직분자, 즉, 왕, 제사장, 선지자입니다. 하나님께서는 왕을 통해 백성들을 다스립니다. 또 백성들은 제사장을 통해 하나님을 예배합니다. 하나님의 말씀도 선지자를 통해 듣습니다. 이렇게 구약의 직분자는 하나님과 사람 사이를 연결하는 중보자라는 사실을 발견할 수 있습니다.

4. 오직 그리스도는 오직 예수님만이 유일한 중보자이심을 뜻한다.[7]

오늘날 신약의 교회는 누구의 다스림을 받을까요? 당연히 하나님의 다스림을 받습니다. 또한 우리의 예배도 오직 유일하신 하나님께 드리는 것이고, 말씀도 하나님의 말씀을 듣는 거예요. 하지만 이런 다스림과 예배, 말씀이 하나님과 직접 이루어지지 않는다는 걸 기억해야 합니다. 하나님과 사람 사이에 이 일들을 중간에서 연결하시는 분이 계십니다. 그분은 바로 우리의 유일한 중보자이신 예수님이십니다.

---

6) 구약에는 다윗 왕, 대제사장 아론 등이 중보자였는데, 신약에서 예수님이 새로운 중보자가 되셨다고 생각하면 안 됩니다. 왜냐하면 예수님은 태초부터 영원까지 유일한 중보자가 되시기 때문입니다. 자세한 내용은 추후 기독론(예수님에 대한 교리)에서 다루겠습니다.

7) 중세 천주교회는 "성모 마리아", "성 안나"(마리아의 어머니)도 중보자라고 주장합니다. 그래서 천주교회는 기도할 때 "예수님의 이름"뿐 아니라, "마리아의 이름"으로도 기도합니다. 그러나 성경은 분명 우리의 중보자가 오직 예수님밖에 없음을 가르칩니다. 예수님 외에 하나님과 사람 사이를 이어줄 분은 절대 없습니다.

예수님은 우리의 유일한 중보자이십니다.

예수님은 곧 우리의 유일한 왕, 제사장, 선지자가 되십니다. 예수님이 우리의 유일한 왕이시기 때문에 우리는 예수님의 다스림에 순종해야 하는 겁니다(유25). 또한 예배도 우리의 유일한 제사장이신 예수님을 통해서 하는 것이지요(히4:16). 그리고 말씀도 유일한 선지자이신 예수님을 통해 우리에게 주어지는 겁니다(히1:1-2).

물론 성경은 모든 성도가 "왕 같은 제사장"(벧전2:9)이라고 가르칩니다. 그러나 우리가 왕 같은 제사장이 될 수 있는 건 예수님 안에서 예수님과 연합하여 한 몸을 이루기 때문입니다(롬5:17; 딤후2:12; 계5:10). 교회는 예수님의 몸입니다(골1:18).

* 꼭 생각해보기

1. 그리스도의 뜻은 무엇일까요? 그리스도는 예수님의 이름일까요?

2. 구약에서 기름 부음을 받는 직분 세 가지는 무엇일까요?

3. 오직 그리스도는 오직 예수님이 유일한 (   ) , (   ), (   )라는 뜻입니다.
   한 마디로 유일한 (   )입니다.

4. 성경에서 사도들은 우리도 "왕 같은 제사장"이라고 말합니다.
   예수님이 아닌 우리가 어떻게 왕 같은 제사장이 될 수 있을까요?

* 꼭 기억할 요점들

1. 은혜는 값없는 선물이다.

우리는 교회에서 "은혜를 받았습니다."라는 말을 종종 듣게 됩니다. 여기서 은혜의 뜻은 무엇일까요? 은혜는 쉽게 말해 선물(Gift)이라고 생각하면 됩니다. 하나님께서 우리에게 은혜를 주실 때, 그 은혜에 대한 값이나 대가를 바라지 않으시고 말 그대로 값없이 주시는 겁니다. 그래서 은혜는 선물이라고 봐도 무방한 겁니다.

2. 오직 은혜는 먼저 구원의 은혜이다.

우리 신앙의 선배들이 "오직 은혜"(Sola Gratia)라고 말할 때, 여기서 은혜는 구원의 은혜를 가리킵니다. 하나님께서 구원을 우리에게 선물로 주신 것이지요. 실제로 우리가 구원의 은혜를 어떻게 받았나요? 돈을 많이 내서, 혹은 선행을 많이 해서 구원을 얻은 걸까요? 전혀 그렇지 않습니다. 사도 바울은 "곧 창세 전에 그리스도 안에서 우리를 택하셨다"(엡1:4)라고 말합니다. 즉, 하나님께서는 우리의 구원을 이미 창세 전부터 정하고 계셨다는 거예요.

따라서 우리의 구원은 조건 없이 하나님께 받은 선물, 곧 은혜입니다. 물론 우리의 입장에서는 우리의 의지로 스스로 예수님을 믿고 교회를 다녔다고 생각할 수 있어요. 우리 측에서는 그렇지요. 그러나 우리가 교회를 다닐 수 있도록 인도하시고, 또 예수님을 믿도록 믿음을 주신 분은 하나님이십니다. 애초에 이 구원의 은혜는 값없는 선물로 하나님께서 주신 거예요.

3. 오직 은혜는 다음으로 만물의 은혜이다.

왜 하늘에서 태양이 빛을 우리에게 비출까요? 왜 하늘에서 비가 내릴까요? 들판의 곡식과 나무들이 결실을 맺어 우리에게 양식을 줄까요? 세상 사람들은 이 모든 걸 당연하다고 생각합니다. 그러나 성경을 믿는 우리는 당연하다고 생각해선 안 됩니다.

하나님께서는 태초에 이 모든 만물을 창조하셨고, 이 모든 걸 우리가 누리도록 하셨습니다. 그래서 우리는 값없이 태양의 빛을 누리고, 하늘의 비, 곡식, 열매를 취할 수 있는 거예요. 우리 중 그 누구도 태양에게 돈을 내고 빛을 사지 않습니다. 또 구름이나 땅에도 무언가를 지불하여 대가를 얻는 게 아닙니다. 모든 만물이 다 값없이 우리에게 주어집니다. 그래서 모든 만물이 전부 하나님의 은혜(선물)라는 거예요.

4. 구원의 은혜는 특별 은혜, 만물의 은혜는 일반 은혜

신앙의 선배들은 구원의 은혜를 특별 은혜, 만물의 은혜를 일반 은혜로 구분했습니다. 이렇게 구분한 이유는 몇 가지 특징의 차이가 있기 때문이에요. 우리가 조금만 생각해봐도 이 차이를 분간할 수 있습니다. 표로 그려보면 아래와 같습니다.

	일반 은혜	특별 은혜
대상	불신자+신자	신자
전달 방식	간접적	직접적
내용	(일반적인 복으로서) 만물[8]	구원(영생)

먼저 **일반 은혜**는 이 세상 모든 사람이 함께 누립니다. 불신자도 태양빛, 비, 바다 등의 모든 유익을 받고 있듯이 말이에요. 또 일반 은혜는 그 전달이 **간접적**입니다. 그래서 빛이 하나님으로부터 직접 비치는 게 아니라, 태양을 통해 간접적으로 주어지고 그 외에 다른 만물도 같습니다. 우리가 이 땅의 곡식을 마트에서 돈을 주고 사야 하는 이유도 여기에 있는 거예요. 왜냐하면 땅을 통해, 그리고 사람을 거쳐서 우리에게 주어지기 때문입니다. 일반 은혜는 이렇게 모든 사람이 간접적으로 받아서 누리는 은혜입니다.

---

8) 일반 은혜는 "죄의 억제", "사회 질서 유지", "햇빛과 비, 음식, 주거, 의복"과 같은 일반적인 복들을 통칭합니다. 루이스 벌코프, 『조직신학(합본)』, 권수경, 이상원 역, (고양: 크리스챤다이제스트, 2001), 682. 그러나 일반 은혜를 오해하면, 자칫 세상 문화에 대한 지나친 낙관적 생각에 빠질 수 있음을 유의해야 합니다. 왜냐하면 "만물"이 하나님의 은혜이지만, 지금도 사탄은 "만물"로 우리를 죄의 늪에 빠뜨리기 때문입니다.

그러나 **특별 은혜**는 오직 택하신 신자만 **직접적**으로 받아서 누리는 은혜입니다. 즉, 하나님께서 우리에게 성령으로 임재하시고, 성령께서 직접 믿음을 주셔서 직접 우리를 구원해주시는 겁니다!

5. 우리는 일반 은혜보다 더 귀한 특별 은혜를 받은 자들이다!

일반 은혜의 "양"(Quantity)은 이 세상 사람 모두에게 무작위로 주어집니다. 그래서 어떤 사람은 불신자인데도 똑똑한 지능을 가진 사람도 있고, 또 불신자인데 돈이 많은 사람도 있는 거예요. 이처럼 신자라 해서 일반 은혜가 더 많다는 보장은 없는 겁니다. 그러나 우리는 일반 은혜의 "양"(Quantity)에서 남들보다 많지는 않아도, "질"(Quality)로 정말 귀한 특별 은혜가 있다는 걸 꼭 기억해야 합니다.

즉, 세상의 많은 재물과 능력을 갖고 있지 못하다 해도 우리는 하나님의 사랑이 있고 영원한 천국을 유업으로 받을 그 특별 은혜를 받은 자들입니다!

1) 하나님의 은혜를 우리는 두 종류로 나눕니다.

"어떤 은혜"와 "어떤 은혜"가 있나요?

그리고 이 두 가지 은혜에는 어떤 차이가 있나요?

2) 우리는 예수님을 열심히 믿습니다. 그런데 예수님을 안 믿는 사람이

우리보다 공부도 잘하고 돈도 많이 법니다. 세상에서 더 인정을 받습니다.

도대체 왜 이런 걸까요? 그리고 우리는 그런 사람을 부러워하는 게 맞을까요?

오늘 배운 "두 종류의 은혜"로 설명해봅시다. 힌트: 은혜는 "양"보다 "질"입니다

3) (중요!) 일반 은혜 교리에 대해서는 역사적으로 많은 논쟁이 있었습니다

왜 그런 걸까요? 우리가 다음을 가지고 한번 생각해봅시다.

"요리사가 사용한 나이프 vs 범죄자가 사용한 나이프"

슬기로운 신앙생활 (6)
"오직 하나님께 영광은 무엇일까요?"

1. 영광은 우리가 만들어 드리는 게 아니다.

영광이라는 단어는 본래 "무겁다"(카보드)라는 뜻입니다. 성경에서 하나님께서 자신의 영광을 나타내시는 건 하나님께서 친히 무게를 잡으신다고도 말할 수 있죠. 물론 이게 어감이 좀 이상할 수 있습니다. 하지만 사실 하나님의 영광은 하나님께서 그분의 존엄함, 위대함을 웅장하게 드러내시는 겁니다. 그래서 하나님의 영광이 나타날 때는 마치 "이게 나야! 어때 대단하지?"라고 말씀하시는 거예요.

실제로 출애굽기를 잘 읽어보세요. 하나님의 영광은 구름 기둥, 홍해의 기적, 만나, 성막을 덮은 구름에서 나타납니다. 그리고 이때 영광을 나타내는 구름이나 만나, 홍해의 기적은 전부 사람이 만든 게 아닙니다. 하나같이 하나님께서 친히 만드신 것이고, 친히 그분의 영광을 나타내신 겁니다. 따라서 "하나님께 영광"은 우리가 하나님께 영광을 만들어 드리는 게 아니라, 하나님이 친히 나타내시는 겁니다. 우리는 이걸 꼭 기억해야 해요.[9]

---

9) 웨스트민스터 신앙고백서 제2장의 2항은 "그는 자기가 만드신 피조물의 도움을 필요로 하지 않으시며(행17:24-25), 그들에게서 아무 영광도 얻으려 하지 않으시고(욥22:2-3), 다만 자신의 영광을 피조물들 안에서, 그것들에 의해서, 그것들에게, 그것들 위에 나타내실 뿐이다."라고 고백합니다.

2. 영광은 우리가 돌려 드리는 것이다!

우리가 영광을 만들어 드리는 게 아니라고 해서, 아예 드리지 말라는 말은 아닙니다. 우리는 영광을 만들어 드리는 게 아니라, 돌려 드리는 겁니다. 하나님께서 나타내신 그 영광의 위대함, 존엄함을 다시 그분께 돌려 드리는 겁니다. 더 자세히 풀어쓰면, 하나님은 먼저 그분의 영광을 우리에게 나타내시고, 우리는 그 나타내신 영광을 경험한 뒤, 감사함으로 그 영광을 보이신 하나님께 다시 영광을 높여드리는 겁니다.

영광의 경로는

"하나님 → 사람 → 하나님" 입니다.

("사람 → 하나님"이 아닙니다.)

3. 영광은 하나님께 돌려 드리기 때문에, 아무렇게나 드릴 수 없다!

우리가 출애굽기로 다시 돌아오면 하나님은 구름 기둥, 홍해의 기적, 만나로 그분의 영광을 백성에게 보이셨습니다. 그리고 하나님이 보이신 영광의 목적에 맞게 백성들은 순종해야 합니다. 하나님께서 구름 기둥으로 자신의 영광을 보이셨습니다. 그러면 백성들은 그 구름 기둥을 따라 광야를 걸어야 합니다. 또 만나를 주셨으면 백성들은 감사함으로 먹어야 합니다. 백성들이 이 영광을 목격하고 경험했을 때 나타내야 할 합당한 반응이 있습니다.

따라서 하나님께 영광을 돌려드리는 건

영광을 먼저 보이신 하나님의 목적에 합당하게 순종함으로

그 영광을 다시 돌려드리는 것입니다.

아무렇게나 막 드리는 게 아닙니다. 출애굽기의 금송아지 숭배(출32장)처럼 사람의 생각대로 아무렇게나 막 영광을 드리면 안 되는 거예요.

4. 오직 하나님께 영광은 오직 하나님께 예배이다!

출애굽기에서 보이신 하나님의 영광들(구름 기둥, 만나, 홍해 기적, 시내산, 성막), 이 모든 것들을 전체 성경의 원리로 종합하면 아래와 같은 해석이 나옵니다.[10]

출애굽기의 "영광"	전체 성경에 따른 "영광"
광야길을 인도한 "구름 기둥" 이스라엘의 규범, "시내산 율법"	우리 길의 빛이 되는 "말씀" (시119:105)
광야의 양식이었던 "만나"	예수님의 양식인 "성찬" (요6:49-50)
애굽에서의 구원을 확고히 인(印)친 "홍해의 기적"	우리의 구원의 표와 인, "세례" (고전10:1-2)
구약의 예배 처소, "성막"	신약의 예배 공동체, "교회" (고후6:16)

---

10) 홍해를 "세례", 만나를 "성찬"으로 보는 해석은 종교개혁자 칼빈, 그 외에도 많은 개혁신학자가 주장합니다. 대표적으로 존 칼빈, 『기독교 강요(하)』, 원광연 역, (고양: 크리스챤다이제스트, 2007), 374, 539를 참고하세요.

우리는 출애굽기의 영광이 말씀, 성찬, 세례, 교회라는 해석으로, 하나님의 영광이 예배와 큰 관련이 있음을 알 수 있습니다. 우리는 교회로 모여 예배 시간에 말씀을 듣고, 성찬의 떡과 포도주를 먹으며, 세례의 물을 받습니다. 그리고 우리는 이때 하나님의 영광을 보는 겁니다! 그리고 감사하며 합당한 반응으로 하나님께 영광을 다시 돌려드리는 거예요.

그렇다면 하나님께 영광을 돌려드리는 게 구체적으로 무엇일까요?

앞서 말했듯이 영광을 보이신 하나님의 목적에 합당하게 받고 순종하는 것입니다. 들은 말씀에 순종하는 삶, 또 성찬과 세례도 주신 목적에 맞게 받고, 또 순종하며, 주의 자녀로 올바른 삶을 살아야 하는 거예요. 따라서 "오직 하나님께 영광"은 "오직 하나님께 합당한 예배"라고 말해도 과언이 아닙니다.

우리는 이처럼 "하나님께 영광"을 우리의 예배와 동떨어져 생각해선 안 됩니다. 성경은 분명 하나님께 영광 돌리는 것을 예배와 연결해서 말하고 있습니다. 오직 하나님께 영광은 예배와 밀접한 관련을 맺는 거예요!

* 꼭 생각해보기

1. 성경에서 "영광"이라는 단어의 뜻이 무엇인가요?

  이 단어의 뜻을 따라 하나님의 영광이 나타났다는 건 어떤 의미일까요?

2. 오직 "하나님께 영광"은 "오직 하나님께 (　　　　)"이다.

3. 오늘날 주일 예배에 잘 참석하지 않으면서 또 예배 시간에 졸거나 딴짓을 하면서 자기 직업으로 어떻게 하나님께 영광을 돌릴지 고민하는 성도들을 종종 볼 수 있습니다. 이런 사람들에게는 어떤 충고가 필요할까요?

  이 부분에 대해 자유롭게 이야기해봅시다.

슬기로운 신앙생활 (7)

"삼위일체란 무엇일까요?"

(※ 본 장부터는 본격적인 교리 공부로 가장 먼저 신론을 살펴볼 겁니다.
신론은 말 그대로 하나님이 어떤 분인가를 다루는 내용이에요.
여러분이 이제까지 알던 하나님은 어떤 분이신가요?
성경이 가르치는 그 하나님과 같은 분인가요?
우리가 교리를 통해 차근차근 살펴봅시다.)

* 꼭 기억할 요점

1. 삼위일체는 세 위격과 한 본질을 뜻한다.

하나님은 몇 분으로 계실까요? 그냥 성부, 성자, 성령 이렇게 세 분으로
만 계실까요? 아니면 "한 하나님", 이렇게만 획일적으로 계실까요? 여기서
전자로만 고집하면 삼신론(이단), 후자로만 고집하면 단일신론(이단)이 될 수
있습니다.[11] 우리는 이것을 주의해야 합니다.

신앙의 선조들은 이런 잘못을 피하려고, "본질"(essence)과 "위격"(person)이
라는 용어를 썼습니다. 즉, "한 본질 안에(한 분이신 하나님) 세 위격(성부, 성자, 성령)
이 계신다." 이것이 우리 선조들의 간단한 삼위일체 정의입니다.[12]

---

11) 물론 우리가 "한 분의 하나님"이라고 고백할 수 있습니다. 그러나 이 고백은 반드시 "위격의 구별이
있는 한 본질의 하나님"이라는 이해가 전제되어야 합니다.
12) 벨직 신앙고백서는 8장 "삼위일체 하나님"에서 다음과 같이 고백합니다. "한 분 안에 서로 혼동되지

2. 세 위격은 서로 구분(분리)이 아니라, 구별이다.

세 위격상 하나님은 성부, 성자, 성령이 각각 분리되어 있으신 게 아닙니다. 달리 말하면, 서로 떼어져 있으신 게 아니에요. 사실 숫자상으로 하나님은 한 본질로서 한 실체(실재)로 계십니다. 그러나 한 본질 안에 세 위격(성부, 성자, 성령)으로 구별되어 계신 거예요. 우리는 한 본질 안에 "성부=성자", "성자=성령", "성령=성부", 이 셋 중에 무엇도 용인해선 안 됩니다. 반드시 위격상 성부, 성자, 성령께서는 각각 구별되십니다.

3. 세 위격의 하나님은 각각 한 본질로서 완전한 하나님이시다.

한 본질 안에 세 위격으로 존재하시면 한 본질을 1/3로 쪼개서 각각 나누어 가지신 걸까요? 이런 설명도 잘못된 겁니다. "세 위격의 하나님은 각각 완전한 본질의 하나님이십니다." 즉, 성부도 "한 본질로서 완전한 하나님"이시고, 성자도, 그리고 성령도 모두 마찬가지입니다. 절대로 "본질"을 쪼개어 "위격들"이 나눠서 갖는 게 아니에요. 위격이 각각 완전한 하나의 본질이십니다. 그렇다고 세 본질이 되는 것도 아닙니다. 오직 한 본질의 하나님이십니다. 그리고 한 본질 안에 세 위격으로 구별되십니다. [13)]

아니하는 실재하고, 참되며, 영원히 구별되는 속성을 따라 성부, 성자, 성령의 세 위격으로 계신 한 분이신 하나님을 믿는다." 또 칼빈(Calvin)은 다음과 같이 말합니다. "하나님의 한 본질 안에 삼위가 일체로 계신다고 말하라! 그러면 그것이야말로 성경이 진술하는 바를 한마디로 표현하는 것이요, 그 것으로 그의 공허한 장광설이 그쳐질 것이다." 칼빈, 『기독교 강요(상)』, 152.

13) 벌코프(Berkhof)는 이에 대해 다음과 같이 말합니다. "하나님의 나누어지지 않은 전 본체(질)가 삼위의 각자에 동등하게 속한다. 이것은 신적 본체가 삼위에 분배된 것이 아니라 그 모든 속성을 가지고서 각 위격들 안에 전체적으로 있으며, 따라서 그 삼위는 본체의 수적 유일성을 가지고 있다는 사실을 의미한다." 벌코프, 『조직신학 (합본)』, 285.

* 더 생각해보는 '삼위일체 이단'

1. 양태론 (단일신론)[14]

양태론은 세 위격의 구별을 역할의 변화로 이해합니다. 예를 들어 철수라는 한 남자가 있어요. 그런데 회사에서는 회사원, 집에서는 남편, 교회에서는 집사님입니다. 여러분 여기서 등장인물은 몇 명일까요? 철수라는 한 사람만 등장합니다. 오직 한 명이에요! 그런데 상황에 따라 역할만 세 가지로 바뀌었을 뿐입니다.

이처럼 하나님도 무조건 한 분인데, 구약에서는 성부, 복음서에서는 성자, 사도행전 이후로는 성령으로 역할만 바뀌었다고 보는 주장입니다. 즉, 양태론에 따르면 성경에 등장하시는 하나님은 무조건 한 분밖에 없는 거예요! 세 분으로 볼 수 있는 여지가 없습니다. 성부와 성자, 성령을 각각의 관계로 구별할 방도가 없어요. 그냥 한 분으로만 이해해야 하는 겁니다. 이런 설명이 양태론, "단일(一)신론" 이단입니다. 우리는 이런 이해를 반드시 피해야 합니다.

2. 사회적 삼위일체 (삼신론)

사회적 삼위일체는 한 본질을 일종의 공동체로 보는 겁니다. 예를 들어 어떤 바둑 동아리가 있는데 이 동아리는 총 세 명으로 구성됩니다. 철수, 영

---

14) "여호와의 증인"은 "성부"만 하나님으로 이해하고, "성자"와 "성령"은 하나님이 아니라고 주장합니다. 즉, 양태론과는 다른 형태의 "단일신론" 이단입니다.

희, 수진, 이렇게 세 명이에요. 여러분 여기서 등장인물은 과연 몇 명일까요? 오직 세 명입니다. 여기서 한 명으로 볼 여지는 전혀 없습니다. 그저 바둑 동아리라는 공동체로서 하나일 뿐이에요. 일종의 그룹으로 하나일 뿐입니다. 실제로 한 명으로 볼 가능성은 여기에 전혀 없는 거예요.

이처럼 "한 본질의 하나님"을 그냥 하나의 "공동체"로 이해하고, 이 공동체 안에, 성부, 성자, 성령을 소속된 "회원"처럼 보는 것이 사회적 삼위일체입니다. 즉, 성부, 성자, 성령, 이렇게 세 분으로 계시는데, 이 세 분이 하나님이라는 그룹으로 묶여서 하나가 된다는 겁니다. 쉽게 말해 여기서 등장인물은 무조건 세 분이고, 한 분으로 볼 가능성은 "제로"(0)입니다. 그래서 사회적 삼위일체는 "삼(三)신론 이단"이 되는 겁니다. 우리는 이런 이해도 반드시 피해야 합니다.

삼위일체 교리는 완벽히 이해할 수 없는 신비

이해가 되셨나요? 아마 아직도 "아리송"할 겁니다. 그런데 사실 2000년 교회 역사에서 그 누구도 삼위일체를 완벽히 설명한 사람은 없습니다. 우리는 그저 성경이 말하는 만큼 고백하고 교리로 정리할 뿐입니다.

특히 우리는 삼위일체를 이해할 수 없기에 이 교리가 진실로 "참"되다는 걸 생각해야 합니다. 개미가 더듬이로 사람을 완벽히 설명할 수 없듯이 사람의 언어(논리)로 완벽히 설명하지 못하는 건 어쩌면 당연한 거예요. 우리는 그저 성경이 가르치는 만큼만 하나님을 고백하고 완벽히 설명할 수 없는 삼위일체 하나님의 위대하심을 찬미하며 영광을 돌리는 삶으로 나아갈 뿐입니다.

"더" 간단하게 알려주는 '칼빈(Calvin)의 삼위일체 강의!'

"(하나님을) 그 사람이 **'한 분'**으로 이야기할 때에는 그것이 **'본질의 단일성'**을 의미하는 것으로 이해해야 하고 또한 그 사람이 **'한 본질 안의 세 분'**을 말할 때는 이 삼위일체의 **'각 위격들'**을 의미하는 것으로 이해해야 한다는 것을 아무도 부인할 수 없을 것이다. 이것을 꾸밈이 없이 순전하게 고백한다면, 구태여 단어에 대해 문제 삼을 필요가 없을 것이다."[15]

15) 칼빈, 『기독교 강요(상)』, 152.

* 꼭 기억할 요점들

1. 예정은 시공간을 초월한 하나님의 선택이다.

예정론을 "시간 안에서"의 예정으로 흔히 착각합니다. 마치 우리가 오전 8시에 일어나서 저녁 6시에 할 일을 미리 정하듯이 말이죠. 하지만 우리 신앙의 선배들은 이렇게 이해하지 않았습니다.

"시간 안에서의 선택"으로 이해하면 예정론의 여러 오류가 발생합니다. 따라서 우리는 흔히 하나님의 무소부재(無所不在)를 말하듯이 하나님은 공간뿐 아니라 시간도 초월하시는 분이심을 생각해야 합니다.[16] 즉, 예정은 시간을 초월하시는 하나님께서 시간을 창조하시기도 전에 우리의 구원을 정하신 것을 뜻합니다(엡1:4). 우리는 이러한 하나님의 초월성을 고려하여 예정을 올바로 이해해야 합니다.[17]

---

16) 무소부재는 영이신 하나님께서 장소에 제한을 받지 않으시고 어디에나 계심을 뜻합니다

17) 웨스트민스터 신앙고백서 3장 1항은 다음과 같이 고백합니다. "하나님은 영원 전에 그 자신의 가장 지혜롭고 거룩한 의도에 따라 자유롭게 그리고 불변하게 앞으로 일어날 모든 것을 정하셨다."

2. 예정론(Predestination)은 운명론(Fatalism)과 엄연히 다르다.

사실 많은 이들이 예정론을 운명론과 혼동합니다. 그래서 예정론이 "나의 구원은 이미 결정됐다."라고 생각하게 만들어서 성도를 게으르고 나태하게 만든다고 오해하는 것이지요. 하지만 '이미 구원이 결정됐기 때문에 게으르게 살아야지.'라는 생각은 운명론입니다. 왜냐하면 이 생각에서 "구원"이 이미 결정됐으면서도 "나의 삶"은 결정되지 않았기 때문입니다. 운명론은 이런 점에서 이미 모순입니다.

예정론은 구원뿐 아니라 나의 모든 삶까지 전부 작정됐다고 보는 것입니다. 다시 말해 하나님께서는 나를 구원하기로 정하셨기 때문에 내가 "예수님을 믿는 것"(믿음)도 정해진 것이고 또 "거룩한 삶을 사는 것"(성화)도 정해진 겁니다.[18] 간략히 말하면 나의 모든 것이 다 모두 하나님의 뜻 안에 정해진 거예요. 이것이 예정론입니다.

3. 예정론은 오히려 우리를 성실하게 만든다.

만일 하나님께서 우리를 구원하기로 미리 정하셨다고 믿는다면 우리는 모든 삶에서 구원받은 자처럼 살아야 하는 겁니다. 심지어 나의 지성, 감정, 의지도 모두 구원받은 자에 합당한 열매를 맺어야 하지요. 그래서 예정론을

---

18) 웨스트민스터 신앙고백서 3장 6항은 "그러므로 선택된 자들은 아담 안에서 타락하였어도 그리스도에 의해서 구속되며, 정해진 시기에 역사하시는 성령에 의해 그리스도에 대한 신앙을 가지도록 유효적으로 소명되고, 그의 능력으로 구원에 이르는 믿음을 통하여 칭의되고, 양자로 입양되며, 성화되고 보존된다."라고 고백합니다. 즉, 구원받기로 선택된 자는 "믿음", "양자", "성화", "견인"까지 다 예정된 것이지요.

올바로 믿는 자는 반드시 **성실한 삶**을 추구하게 됩니다. 즉, "구원받았기 때문에 삶은 내 마음대로 할래!"가 아니라, "구원받았기 때문에 삶도 구원받은 하나님의 자녀처럼 살자!"입니다. 비유적으로, 목적지가 천국으로 예정됐다면 천국을 향해 성실히 달려가는 우리의 삶도 예정된 겁니다.

*더 기억하면 좋은 견해들

1. 타락 전 선택설 VS 타락 후 선택설

전택설(타락 전 선택설)과 후택설(타락 후 선택설)은 교회 역사 속에 논쟁 중 하나입니다. 흔히 전택설과 후택설을 시간상 전후로 오해하지만, 실은 논리적 순서를 말하는 겁니다. 자세히 말해서 아담의 타락을 기준으로 논리상(시간상x) 그 전에 구원받을 자들을 택하셨느냐, 아니면 후에 택하셨느냐를 뜻합니다.

2. 예지예정설

예지예정설은 알미니안주의(Arminianism) 혹은 웨슬리안(Wesleian)의 구원론을 따르는 감리교회나 순복음교회, 성결교회의 견해입니다. 이 견해에 따르면, 믿음은 성령의 돕는 은혜를 통해 인간의 의지로 이루어집니다. 하나님은 이렇게 인간의 의지로 믿을 그 믿음을 미리 보고(예지하시고), 구원을 결정했다는 것이지요(예정). 그래서 알미니안주의의 예지예정은 예정이 하나님의 주권적 결정이 아니라, 인간의 의지적 믿음을 보고 정한 것이 됩니다. 간단히 말해서 하나님의 예정이 인간의 의지적 결정에 의존되는 거예요.

3. 몰리니즘 (Molinism)

이는 좀 생소하지만, 개혁주의의 예정설과 알미니안주의의 예지예정설 사이에 타협점이라고 보시면 됩니다. 몰리니즘은 16세기 예수회 신학자 루이스 몰리나Louis Molina가 주장한 견해로 하나님의 "중간 지식"(middle knowledge)에 근거한 예정을 주장합니다.

비유로 예를 들면, 요셉의 형들은 본래 요셉을 죽이려 했습니다. 그런데 마침 형들은 애굽으로 내려가는 이스마엘 사람들을 보았고, 은 20에 요셉을 팔았습니다. 여기서 하나님은 형들이 이스마엘 사람을 봤을 때뿐 아니라, 못 봤을 때의 행동까지 다 알고 계십니다. 실제로는 일어나지 않은, "만약에…" 상황에 대한 모든 지식을 "중간 지식"이라고 하는 겁니다.

몰리니즘에 따르면, 하나님께서는 중간 지식에 근거해서 이스마엘 사람이 마침 형들의 눈앞을 지나가도록 하신 겁니다. 즉, 주권적으로 그 상황을 조성하신 것이지요. 그리고 요셉의 형들은 그 상황에서 자기 의지로 요셉을 판 겁니다. 요약하면 상황은 하나님이 만들고, 의지적 결정은 사람이 했다는 것입니다. 그래서 하나님의 주권과 인간의 의지를 절충한 견해에 해당하는 거예요.

간혹 불신자들이 "나는 하나님이 예정을 안 하셔서 안 믿는 거야"라고
자신의 불신을 합리화합니다. 이들에게 뭐라고 대답해야 할까요?

* 꼭 기억할 요점들

1. 하나님의 속성에는 공유적 속성이 있다.

하나님의 공유적 속성(Communicable attributes)은 하나님과 사람에게 똑같이 발견되는 속성을 말합니다. 예를 들어 사랑, 긍휼, 지혜, 의로움 등이 여기에 해당해요. 물론 사람은 태초에 선악과를 먹고 타락하여 이런 속성들을 잃어버렸어요. 하지만 타락한 사람에게도 이런 속성은 희미하게 남아있고, 또 예수님을 믿는 사람은 성령의 은혜로 이런 속성을 조금씩 회복해가고 있습니다.

따라서 하나님의 공유적 속성은 우리 자신에게 있는 선한 속성들을 잘 살펴보면 됩니다. 물론 타락으로 생긴 우리의 악한 속성은 빼고 말이에요. 사실 우리가 "하나님을 닮아가는 삶"이라고 말할 때, 이것은 "하나님의 공유적 속성을 회복하는 삶"이라고 해도 틀린 말이 아니에요.

2. 하나님의 속성에는 비공유적 속성이 있다.

하나님의 비공유적 속성(Incommunicable attributes)은 하나님께만 있으시고, 사람에게는 없는 속성을 말합니다. 예를 들어 하나님의 무한하심, 초월성, 편재성, 영원성 등이 여기에 해당합니다. 사람은 유한하고, 죽음이 있고, 시공간을 초월하지 못합니다. 우리에게는 한계가 있지요. 하지만 하나님은 이런 한계를 뛰어넘는 분이십니다. 그래서 우리는 이러한 비공유적 속성을 통해 하나님과 사람 사이에 차이가 얼마나 '거대한지'(tremendous)를 잘 묵상할 수 있어야 해요.[19]

3. 하나님은 인격적이시지만, 비인격적이시기도 하다.[20]

여기서 "하나님이 인격적이시다."라는 말은 요즘 유행하는 "인성이 좋다."라는 뜻이 아니라, 하나님께는 "인간과 같은 속성이 있다.", 곧 공유적 속성을 생각하시면 됩니다.

하나님은 사람과 같이 우리를 사랑하실 수 있고, 불쌍히 여기시며, 때로는 진노하시고 우리를 책망하시기도 하십니다. 이건 분명 하나님의 공유적 속성에 근거한 그분의 인격적인 모습이에요.

---

19) 벨직 신앙고백서는 1장에서 하나님을 다음과 같이 고백합니다. "하나님께서는 영원하시며, 우리가 온전히 이해할 수 없으며, 보이지 아니하시며, 변하지 아니하시며, 무한하시고, 전능하시며, 완전히 지혜로우시며, 공의로우시고, 선하시며, 모든 선함의 끝없는 원천이시다." 여기서 앞부분은 "비공유적 속성", 뒷부분은 "공유적 속성"에 해당합니다. 그리고 마지막에 "끝없는 원천"은 공유적 속성에 있어서 사람의 한계를 뛰어넘으신 분임을 명확하게 말합니다.

20) 벌코프(Berkhof)는 공유적 속성을 "인격적인 영으로서의 하나님", 비공유적 속성을 "절대 존재로서의 하나님"이라고 정의합니다. 루이스 벌코프,『조직신학 (합본)』, 250, 258. 저는 쉬운 이해를 위해, 이 둘을 "인격적", "비인격적"이라고 구분했습니다. 여기서 "비인격적"이라는 말은 절대 안 좋은 의미로 사용하지 않았음을 꼭 기억해주시기 바랍니다.

하지만 사람은 때때로 감정을 조절하지 못하고 화를 내거나 짜증을 낼 때가 있습니다. 그런데 하나님도 그런 종류의 연약함이 있다고 생각하면 곤란합니다. "하나님이 나를 지겹게 여기시면 어떡하지?"와 같은 걱정을 절대 해선 안 됩니다. 이런 감정은 사람의 연약함에서 생기는 것이고, 하나님은 이런 연약함이 전혀 없으신 분입니다.

즉, 비공유적 속성으로 생각할 때, 하나님은 인간의 한계를 뛰어넘는 무한하고 완전한 지식, 감정, 의지, 도덕성을 가지고 계십니다. 그래서 우리는 때때로 인격적(공유적 속성의) 하나님을 묵상해야 하지만, 또 비인격적(비공유적 속성의) 하나님도 같이 묵상해야 합니다.

* 더 암송하면 좋은 '웨스트민스터 대요리문답'

문7. 하나님은 어떤 본성을 가지고 계신가요?

답: 하나님은 영으로서, 근본 그리고 스스로 존재, 영광, 복되심,

그리고 완전성에서 영원하시며, 완전히 충족하며 영원하고 불변하며

이해를 초월하고 편재하고 전능하십니다(비공유적 속성).

또한, 그분은 모든 것을 아시며, 가장 지혜롭고, 가장 거룩하며,

가장 공의롭고, 가장 긍휼하고, 은혜로우며 오래 참고,

선하심과 진리가 충만하십니다(공유적 속성).

1. 장례식장에서 슬퍼하는 성도에게 "하나님도 슬퍼하셨을 거예요."라고
   위로하는 건 과연 올바른 말일까요?

2. 하나님은 "전지"하셔서서 모든 걸 다 아시는데,
   왜 우리는 하나님께 기도해야 할까요? 이에 대해서 함께 나누어봅시다.

슬기로운 신앙생활 (10)
"물적 세계의 창조에서 무엇이 중요할까요?"

* 꼭 기억할 요점들

1. 하나님은 질서정연하게 창조하셨고 이 세상에는 질서가 있다.

하나님께서는 6일 창조, 곧 차근차근 순서를 따라 세상을 창조하셨습니다. 특히 창조가 '혼돈과 깊음'(창1:2)으로부터 순서대로 진행된다는 점은 하나님의 창조가 질서정연하다는 걸 보여줍니다.

우리가 알듯이 이 세상에는 실제로 법칙이 존재합니다. 하늘에서 비가 내리고, 지구가 태양 주위를 공전하며, 지구가 자전하는 이런 과학 법칙들이 하나님께서 세우신 질서를 잘 드러내는 겁니다. 따라서 우리는 하나님께서 세우신 이 세상(지구)에 질서가 있다는 걸 기억해야 합니다. 분명히 이 세상에는 우리가 바꾸지 말아야 할 바꿀 수 없는 질서라는 게 존재한다는 거예요.

2. 사람은 모든 생물을 다스리는 왕이다.

우리가 하나님께서 정하신 질서 중에 생각해볼 주제로 "동물과 사람의 관계"가 있습니다. 성경에 따르면 사람과 동물은 평등할까요? 절대 그렇지 않습니다. 하나님께서는 사람에게 "모든 생물을 다스리라"(창1:28)라고 명령하셨죠. 하나님께서는 사람을 동식물의 지배자로 정하신 겁니다. 따라서 우리는 모든 생물에게 있어서 왕 같은 존재라는 거예요.[21]

3. 사람은 하나님을 예배하는 제사장이다.

하나님께서는 사람을 만드시고 에덴동산에 두셨으며 그에게 경작하고 지키게 하셨습니다. 여기서 "경작하다"(아바드)와 "지키다"(샤마르)는 구약적 맥락에서 성막을 위해 봉사하는 제사장에게 쓰이는 단어입니다(민 18:7).[22]

아담은 최초의 에덴동산이라는 성막에서 하나님을 예배하는 제사장이었습니다. 그러므로 사람은 근본적으로 하나님을 예배하도록 창조되었음을 잘 기억해야 합니다. 오늘날 우리 사회에 무신론자가 너무 많아져서 예배하는 그리스도인을 이상한 사람으로 취급합니다. 그러나 하나님을 예배하는 건 이상한 행동이 아닙니다. 원래 사람은 하나님을 예배하도록 창조된 존재입니다.[23]

---

21) 오늘날 "반려동물"(반려식물)에 대해 잘 생각해 봐야 합니다. 동물을 우리 삶의 "반려자"로 삼는 것이 한편으로 유익할 수 있지만, 우리가 동물과 평등하다는 건, 성경의 가르침과 맞지 않습니다. 특히 유럽에서 유행하는 "동물 세례", "동물과의 결혼"의 문제들이 지금 우리에게도 가까이 왔음을 잘 인지하고 경계하는 태도를 취해야 합니다.
22) 솔로몬이 성전을 지을 때도 내부를 "정원"(Garden)처럼 장식하는 내용을 볼 수 있는데(왕상 7장 참조), 우리는 여기서 당시 솔로몬이 에덴동산을 최초의 "성전"으로 이해하고 있음을 알 수 있습니다.
23) 웨스트민스터 소요리문답 1문이 우리의 이런 목적을 잘 고백합니다. "사람의 제일 되는 목적이 무

* 더 생각해 볼 "성"(gender) 이슈!

1. 하나님께서는 왕적 명령(문화 명령)을 남녀에게 모두 주셨다.

창세기 1장에서 하나님께서는 만물을 창조하시고 남녀 모두에게 생육, 번성, 정복, 다스림의 명령을 주셨습니다(1:27-28). 따라서 사람은 문화 명령, 곧 세상을 살아가는 문제에 있어서 남녀 역할의 구분이 없음을 알 수 있습니다. 예를 들어 가정에서 빨래, 요리, 육아 등을 여성만이 해야 한다거나, 지도자의 역할을 여성이 할 수 없다고 보는 건 성경적 근거가 빈약한 겁니다. 따라서 여성이 지도자로서 재능이 충분하다면 여성에게 직업(혹은 역할)을 맡길 수 있고 요리도 남성이 더 잘한다면 남성이 할 수 있지요. 우리는 이런 부분에서 성경적 시각을 올바로 가져야 합니다.[24]

2. 하나님께서는 예배적 명령에 있어서 남녀 간의 구분을 하셨다.

우리는 에덴동산에서의 아담과 하와를 설명하는 창세기 2장에서 남녀 간의 질서를 확인할 수 있습니다. 여기서 하나님께서는 예배의 명령(제사장의 명령)을 먼저 아담에게만 말씀하시고(2:15-17), 그 후 하와를 돕는 자(18)로 창조하십니다. 1장에서 왕의 명령(문화 명령)은 남녀에게 공통으로 주어지지만, 공

엇인가요? 사람의 제일 되는 목적은 하나님을 영화롭게 하는 것과 영원토록 그를 즐거워하는 것입니다."

24) 존 프레임(John Frame)은 다음과 같이 말합니다. "성경에는 여성 지도자들에 대한 분명한 금지가 없으며 여성이 (모든 이들이 어떤 의미에서는 지도자인) 민주주의 정치과정에 참여하는 것을 금지하는 성경적 원칙도 없다." 존 프레임, 『기독교 윤리학: 그리스도인의 삶에 대한 교리』, 이경직 역 (서울: 개혁주의신학사, 2015), 846. 교회 역사에서도 우리 장로교회의 선조들은 "여왕"의 등장을 비-성경적으로 여기지 않았음을 주목해야 합니다. 세상의 영역에서 맡겨진 재능에 따라, 남녀는 동등하게 직무를 맡고 수행할 수 있습니다.

적 예배의 명령에는 구분이 있습니다. 이는 정통교회에서 남자에게 직분(목사, 장로, 집사)이 주는 중요한 근거가 됩니다.

현대인들은 흔히 이를 남녀 차별로 간주합니다. 하지만 사실 그렇지 않습니다. 성경에서는 하나님께서도 친히 여성의 역할, 곧 우리의 "돕는 자"의 역할을 감당하십니다. 이처럼 예배의 사역에 있어서 남녀가 서로 다른 것은 하나님께서 정하신 역할의 구별이며 질서입니다.

남녀는 평등합니다. 그러나 하나님께서 영적 사역에서 아담을 통해 하와를 주관하고 말씀하시며 하와는 아담을 도와 하나님을 섬기게 하신 것입니다. 우리는 이처럼 하나님께서 정하신 남녀 간의 근본적인 구분을 잘 기억해야 합니다. 왜냐하면 오늘날 "성 혁명"(Gender Revolution)은 사실 이런 구분을 해체하는 것을 기점으로 제3의 성, 동성혼 등 여러 심각한 죄악으로 발전하고 있기 때문입니다.[25]

* 더 생각해 볼 "진화"(evolution) 이슈!

1. 현재 창조에 세 가지 견해가 있다.

1) 젊은 지구 창조론 (Young Earth Creationism)

근현대에 와서 진화론이 팽배하고, 이로 인해 창조론은 총 3가지 견해로

---

25) 이것은 "차별"이 아니라, 성경에서 하나님이 정하신 "질서"이고, "구분"임을 유의해야 합니다. 프레임(Frame)은 이에 대해 다음과 같이 말합니다. "모든 신자는 은혜로 받은 구원 안에서 평등하다. 하지만 바울은 이러한 국적의 구분, 성적 차이, 주인/종 간의 구분이 그리스도 때문에 사라진다고 말하지 않는다. 또한, 그는 교회 안에서 존중받아야 할 권위와 직분 간에 차이가 있음도 부인하지 않는다." 프레임, 『기독교 윤리학』, 836.

정리가 됩니다. 그중 첫 번째는 젊은 지구 창조론입니다. 이는 아주 전통적인 해석, 곧 성경에 나온 창조를 문자 그대로 인정하고 받아들이는 겁니다. 특히 창조의 "날"(Day)을 문자적인 24시간으로 인정하기 때문에 젊은 지구 창조론이라고 불립니다.

2) 오랜 지구 창조론 (Old Earth Creationism)

진화를 완전히 받아들이지 않지만, 창조에 있어서 상당한 시간을 함축하고 있다고 보는 견해입니다. 이는 오늘날 방사선 연대 측정법, 혹은 빅뱅 이론과 같은 견해들이 등장하면서, 지구의 역사가 수십억 년이라는 견해가 정설처럼 여겨짐으로 이로 인한 타협점에 해당한다고 볼 수 있습니다.

3) 유신 진화론 (Theistic Evolution)

진화론을 대부분 수용하고 성경의 창조와 진화를 조화롭게 해석하려 시도하는 견해입니다. 물론 학자마다 견해 차이가 있지만, 대부분 "미생물-수상생물-육상생물-유인원-인간"의 도식을 취합니다. 따라서 이들은 창세기 1장을 대부분 상징으로 이해합니다.

2. '대진화'의 증거는 없고, '방사선 연대 측정'도 정확하지 않다.

소진화(microevolution)는 생물에 특정 부위나 기관이 적응을 통해 퇴화한 것이나 발전하는 것을 가리킵니다. 예를 들어 특정 지역에 기린은 목이 더

길거나, 코끼리는 코가 더 긴 모습이 이에 해당하지요. 하지만 "종"(Specie)의 경계를 뛰어넘는 대진화가 가능한지는 명확한 증거가 없습니다. 실제로 염색체의 숫자는 특정 종이 갖는 고유 번호와 같습니다. 이것이 변화되는 현상은 관찰되지도 않았으며, 실험을 통해 입증도 불가합니다. 대진화 자체를 정설로 받아들이는 것은 아직 추측에 불과하고, 이를 확증된 이론으로 받아들이는 것은 말 그대로 어불성설(不成說)입니다.

또한 **방사선 연대 측정**(Radiometric dating)도 하나님의 창조 시간 측정도 역시 정확하지 않습니다. 실제로 하나님은 아담을 갓난아기로 창조하신 게 아닙니다. 성경에 따르면, 그는 분명 "성숙한 육체"(성인의 육체)로 창조됐지요. 이처럼 하나님께서는 이 세상을 성숙하게 창조하셨기 때문에 만일 창조 당시 방사선 측정법을 했어도 몇 억 년이 나왔을 겁니다. 방사선 측정이 이 세상의 기원을 정확히 측정할 수 있다고 보는 건 역시 합리적인 생각이 아니에요.[26]

---

26) 진화론이 과학적 진리라고 해도, 꼭 하나님이 태초에 "대진화"로 창조했다고 볼 필요가 없어요. 이를테면 유인원에서 사람으로 대진화가 실제로 가능하다고 해서 태초에 창조하실 때 꼭 대진화라는 방법으로만 만드셨다고 볼 수 없다는 거예요. 그냥 성경 말씀 그대로 하나님이 사람을 만드셨다고 이해할 수 있습니다. 이런 점에서 유신 진화론의 "진화론적 창조"는 상당한 편견을 가진 겁니다.

* 꼭 생각해보기

1. 이공계(특히 생물 분야)에 종사하는 신자들은 진화론에 있어서 갈등이 많습니다.

   만일 창조론자가 된다면 이공계 쪽에서 전문가로 활동하는 것이 불가능할까요?

2. 만일, 진화론을 정설로 받아들인다면, 창세기 1장을 문자적으로 이해하는 건

   꼭 불가능한 건가요? 이에 대해서 이야기해봅시다.

*** 꼭 기억할 요점들**

1. 천사는 피조물이기 때문에 예배의 대상이 아니다.

간혹 어떤 이들은 창세기의 창조 기사(1-2장)에서 천사가 언급되지 않기 때문에 천사가 영원 전부터 존재했다고 생각합니다. 하지만 시편 말씀을 보면, 천사가 만들어진 존재라는 말씀이 있어요.

> "그의 모든 천사여 찬양하며 모든 군대여 그를 찬양할지어다....
>
> 그것들이 여호와의 이름을 찬양함은 그가 명령하시므로
>
> 지음을 받았음이로다"(시148:2, 5)

이처럼 천사는 지음을 받은 피조물이기 때문에 우리가 예배해야 하는 대상이라고 생각하는 건 잘못된 겁니다. 실제로 교회 역사에서 천사 숭배가 유행하기도 했어요. 하지만 교회는 공식적으로 천사 숭배가 잘못됐다고 선언했습니다.

따라서 천사를 예배의 대상으로 삼거나, 천사의 이름을 의지하고 기도하거나 또 천사를 묵상하거나 환상으로 보면, 복을 받는다고 생각하는 건 아주 잘못된 겁니다. 우리의 예배는 오직 삼위 하나님께 드려지는 것이고, 우리의 중보자는 오직 그리스도밖에 없음을 반드시 기억해야 합니다.

2. 천사는 영적 존재이기 때문에 사람과 같은 인생을 살지 않는다.

성경의 여러 말씀에 근거할 때 천사는 살과 뼈가 없고(눅24:39), 결혼도 하지 않으며(마22:30), 한정된 공간에 다수로 존재할 수도 있습니다(눅8:30). 물론 천사가 하나님처럼 시공간을 초월하는 존재로 여길 수는 없어요. 앞서 말했듯이 그들은 피조물이기 때문에 유한하고 한계를 가진 존재입니다.

확실하게 기억할 점은 성경에서 천사가 사람과 같이 신체나 물질적 존재로 묘사되지 않고 있다는 겁니다. 따라서 오늘날 이단들이 자신을 천사라고 주장하면서 사람과 같이 식사를 하고 결혼을 하는 것은 성경과 다르다는 걸 꼭 기억해야 합니다.

3. 천사는 이성적이고 도덕적이며 선하다. 하지만 악한 천사도 있다.

성경에서 천사는 "사람보다 많은 지식"(마24:36)이 있고, 또 선하기 때문에 언제나 하나님의 얼굴을 뵙는 존재입니다(마18:10). 하지만 성경에는 타락한 천사도 있음을 말해줍니다(요8:44; 요일3:8-10).

이 타락한 천사가 실은 사탄(Satan)이지요. 특히 우리가 조심해야 하는 건 사탄이 자신을 광명의 천사로 위장한다는 거예요(고후11:14).

우리는 사탄에게 속지 않도록 오직 성경을 따라 신앙생활을 해야 합니다. 만일 우리가 오늘날에도 환상, 예언, 꿈과 같은 신비적 현상에만 신앙생활을 의지하려고 하면, 사탄의 속임수에 쉽게 속을 수 있어요. 지금 우리는 완성된(종결된) 계시, 성경 66권을 소유하고 있습니다.

성경 말씀 외에 다른 무엇을 의지하려고 해선 안 돼요! 사도 바울의 말처럼 신약의 사도들이 전한 복음 외에 다른 복음은 없습니다(갈1:9).[27]

---

27) 벨직 신앙고백서는 12장 "만물의 창조"에서 타락한 천사를 다음과 같이 경고합니다. "천사 중 일부는 하나님께서 그들에게 부여하신 영광으로부터 영원한 처벌로 타락하였으며, 일부는 하나님의 은혜를 따라서 그들 원래의 영광스러운 모습에 남아있다. 마귀와 악한 영들은 매우 타락하여 하나님과 모든 선한 것의 원수가 되었다. 그들은 도둑처럼 그들의 모든 힘을 다하여 그들의 거짓으로 교회와 교회에 속한 성도들을 파괴하고 망가뜨리려고 벼르고 있다."

*더 생각해 볼 개념들

1. 천사의 이름들

성경에서 천사의 이름은 가브리엘과 미가엘, 이 두 가지밖에 없고 다른 이름은 알려지지 않았습니다. 간혹 사탄의 이름은 루시퍼, 또 다른 천사의 이름으로 라파엘, 라구엘, 레미엘을 말하기도 하는데 이는 로마 가톨릭이 외경과 위경에 근거하여 주장하는 이름입니다.

즉, 성경이 말하지 않는 이름이기 때문에 이런 이름을 굳이 알 필요도 없고 궁금해 할 필요도 없습니다. 우리의 신앙은 오직 삼위 하나님께 근거하고 그 이름만을 찬양하면 된다는 사실을 잊지 말아야 해요.

2. 천사의 종류 (1) : 그룹들 (Cherubim)

성경을 읽다 보면 "그룹", 혹은 "스랍들"이라는 단어들을 보게 됩니다. 대부분 뜻을 모르기 때문에 무시하고 넘어가지만, 그냥 천사의 등급 혹은 직무를 지칭한다고 보시면 됩니다. 쉽게 말해서 그룹은 주로 전쟁과 관련된 직무를 감당합니다. 예를 들어 에덴동산을 지키거나(창3:24), 속죄소를 응시하거나(출25:18; 시80:1; 99:1), 혹은 병거를 모는 장면이 성경에 등장합니다(삼하 22:11; 시18:10). 이들은 만군의 여호와이신 하나님의 위엄과 영광을 수호하고, 그분의 뜻을 위해 대적들과 싸우는 군대라고 볼 수 있습니다.

3. 천사의 종류 (2) : 스랍들 (Seraphim)

스랍들은 이사야 6장에서만 언급되는 천사의 종류입니다. 이들은 그 구절에서 알 수 있듯이 하나님을 찬송하고 그분을 보좌하는 수종들로 볼 수 있습니다. 물론 성경은 이들을 빈번하게 언급하지 않기 때문에 정확한 이들의 직무나 역할을 세세하게 파악할 수는 없습니다.

4. 여호와의 증인이 말하는 '예수님 = 천사'

여호와의 증인은 예수님을 미가엘, 곧 천사라고 주장합니다. 그들은 예수님을 2위 하나님이 아닌, 천사장으로서 가장 높은 계급의 천사로 이해합니다. 우리는 이렇게 예수님을 천사로 생각하는 견해를 철저히 배격해야 합니다. 교회의 정통이나 성경에 근거할 때도 예수님이 참 하나님, 그리고 참 사람이라는 사실은 너무 분명해요.[28]

---

28) 역사 속에서 성경의 미가엘을 예수님으로 해석하기도 했습니다. 하지만 이것은 예수님이 천사라는 뜻이 아니라 미가엘이 천사가 아닌 하나님이신 성자 예수님으로 해석한 거예요. 핵심은 "예수님=천사"로 해석하는 것이 아주 잘못됐다는 걸 정확히 기억해야 합니다.

1. 오늘날 "세상 사람"(신자도 포함)들 중 어떤 이들은

   공동묘지나 음산한 곳을 무서워하고, 때로는 귀신을 봤다고 말하기도 합니다.

   그런데 의외로 천사를 봤다는 이들은 거의 없습니다.

   왜 귀신은 많이 보는데, 천사는 못 보는 걸까요?

2. 때때로 신앙생활을 잘하는 분 중에

   밤이나 꿈에 귀신을 보고 두려워 떨기도 합니다.

   심한 경우는 이로 인해 일상생활에 큰 차질을 빚기도 합니다.

   우리는 이런 분들에게 뭐라고 조언해야 할까요? 자유롭게 말해봅시다.

"하나님의 섭리가 무엇인가요?"

* 꼭 기억할 요점들

1. 섭리는 모든 만물에 대한 하나님의 행동이다.

창조 이후로 모든 만물은 스스로 작동하지 않습니다. 오직 하나님의 행동으로 이 세상은 계속 움직이는 거예요. 쉽게 말해 하나님께서 이 세상에 대해 계속 "일하신다"(Work)라는 겁니다.

이 세상은 한순간도, 또 어떤 사소한 일도 하나님의 행동과 상관없이 있을 수 없습니다. 주의 말씀처럼 공중의 새와 들풀조차도 하나님께서 다 기르시고 보살피시는 겁니다(마6:26-30).

2. 섭리에는 1원인과 2원인이 있다.

1원인은 하나님의 예지와 작정을 가리킵니다. 그리고 2원인은 인간의 자유의지와 모든 자연법칙을 지칭하지요. 따라서 이 세상에 일어나는 모든 일의 원인은 1원인과 2원인으로 구분할 수 있고, 이를 통해 하나님께서 이 세상을 어떻게 움직이는지 알 수 있는 거예요.

예를 들어 "최근 코로나 19의 원인이 무엇인가?"라고 물었을 때, 우리는 2원인으로 사람 간의 접촉, 방역의 부재 등을 말할 수 있어요. 하지만 1원인으로 말하면, 이 전염병조차도 우리는 하나님의 작정이 섭리로 실현되었음을 고백해야 하는 겁니다. 즉, 2원인으로만 볼 때 모든 것이 자연의 법칙과 사람의 의지로 인하여 우연히 발생한 것처럼 보이죠. 하지만 1원인까지 생각할 때 이 모든 일은 근본 하나님의 작정과 섭리로 일어난 거예요.[29]

3. 섭리에는
통상 섭리(Ordinary Providence)와 비상 섭리(Extraordinary Providence)가 있다.

통상 섭리는 1원인이 2원인을 통해 자연스럽게 실행되는 것들을 가리킵니다. 반면 비상 섭리는 1원인에 의해, 2원인을 무시하고 실행되는 것을 말하지요. 쉽게 말하면 그냥 기적이라고 보시면 됩니다.

예를 들면 여름에 태풍을 생각해봅시다. 이것은 근본 하나님의 작정이 실행된 것이지만(1원인), 또 자연의 법칙(2원인)에 따라 일어납니다. 우리는 이를 통상 섭리라고 부르는 거예요. 하지만 성경에서 모세가 홍해를 가르거나 예수님께서 오병이어의 기적을 일으키신 사건들은 자연법칙(2원인)이 무시되고 있지요. 즉, 하나님의 작정과 능력(1원인)에 의해서만 일어났기 때문에 이를 비상 섭리라고 부르는 거예요.[30]

---

29) 웨스트민스터 신앙고백서는 5장 2항에서 다음과 같이 말해요. "비록 제1원인인 하나님의 예지와 작정과 연관되어 모든 것이 불변하고 무오하게 실현되지만, 그럼에도 불구하고 동일한 섭리에 의해서 하나님은 그것들을 제2원인의 본성에 따라 필연적으로, 자유로이, 또는 우연히 일어나도록 정하셨다."
30) 그 외에 "일반 섭리"(General Providence)와 "특별 섭리"(Special Providence)로 구별하기도 합니

1. 섭리의 이단적 견해 (1) : 이신론 (Theism)

이신론은 세상의 모든 일에 대해 1원인(하나님의 작정)을 무시하고, 무조건 2원인(자연법칙 혹은 인간의 의지)으로만 일어난 것으로 보는 견해입니다.

많은 학자는 하나님을 시계공으로 이해하는 것이 이신론이라고 말합니다. 무슨 뜻이냐면 하나님께서 세상이라는 시계를 만드시고 태엽을 충분히 감아놓으셨기 때문에 이 세상은 시계처럼 자동으로 돌아간다는 겁니다.

이신론에 따르면, 하나님은 지금 이 세상에 간섭하지 않으시고, 일하시지도 않습니다. 그저 이 세상은 하나님께서 태초에 해놓으신 설정대로 자연스럽게 돌아간다는 겁니다. 이것이 이신론의 핵심입니다.

2. 섭리의 이단적 견해 (2) : 범신론 (Pantheism)

범신론은 서구에서 16세기 신비주의자 죠다노 브루노^{Giordano Bruno}를 시작으로 스피노자^{Spinoza}를 거쳐, 아주 큰 유행을 일으킨 섭리의 견해 중 하나입니다. 간단히 말하면 하나님이 만물에 내재하고 계시기 때문에 "만물이 곧 하나님, 하나님이 곧 만물"(만물 = 하나님)로 이해하는 것이 범신론입니다.[31]

다. 쉽게 말하면, "일반 섭리"는 "온 우주 전체에 대한 하나님의 섭리"입니다. "특별 섭리"(Special Providence)는 "이성적 피조물인 사람에 대한 하나님의 섭리"를 뜻하죠. 추가로, "대단히 특별한 섭리"(A Very Special Providence) 또는 "가장 특별한 섭리"(The Most Special Providence)를 말하기도 하는데, 이것은 사람 중에서도 "하나님의 자녀인 신자에 대한 하나님의 섭리"를 의미합니다.

31) 세부적으로는 범신론(Pantheism)과 만유재신론(Panentheism)으로 나뉩니다. 범신론은 "만물 = 하나님"으로 이해해요. 만유재신론은 "만물 안에 하나님, 하나님 안에 만물"로 이해합니다. 아무튼, 둘 다 위험한 견해이고, 이렇게까지 나누면 우리에게 좀 복잡하지요. 따라서 본 장에서는 이를 세세하게 구분하지 않고, 둘 다 "범신론적 사고"라고 명명하겠습니다.

사실 범신론의 사고는 불교, 샤머니즘(미신)과 같은 각종 이방 종교의 기본적 사상입니다. 또한 많은 기독교 신비주의도 범신론적 사고를 많이 반영합니다. 예를 들면 태양이나 나무를 보면서 그 안에 신이 깃들어 있다고 생각하거나 혹은 우리 안에 신이 깃들여 때문에 명상이나 기도(관상 기도)로 나의 영성(Spirituality)을 고양하겠다는 시도들이 범신론적 사고를 반영하는 겁니다.

이런 범신론은 통상 물질적인 것들을 하나님(신)처럼 인식하는 사고 때문에 하나님을 비인격적으로 간주하기 쉽고, 또 자신을 신격화시켜서 인간이 죄인이라는 사실을 쉽게 망각하게 된다는 문제점이 있습니다.

1. 섭리의 "1원인"과 "2원인"이 무엇이나요?

   또 "통상 섭리"와 "비상 섭리"가 무엇이었나요? 함께 복습해봅시다.

2. 전염병이 창궐한 상황에서 우리는 신자로서 이에 대한 원인을

   무엇으로 봐야 하고, 어떤 대처와 반응을 보여야 할까요?

   힌트: 1원인과 2원인을 모두 고려할 것!

3. 간혹 질병을 병원에 가지고 않고,

   기도나 말씀으로 고치려는 이들을 볼 수 있습니다.

   통상 섭리와 비상 섭리에 비추어 볼 때 이들은 무엇이 문제인지 생각해봅시다.

"인간은 어떻게 구성되었을까요?"

(※ 본 장부터 다룰 주제는 인간론입니다.
성경이 말하는 인간은 어떤 존재인가요?
또 인간은 하나님과 어떤 관계에 있을까요?
교리를 통해 이에 대해 차근차근 배워봅시다.)

* 꼭 기억할 요점들

1. 과거에는 인간의 본질을 셋으로 보는 삼분설(trichotomy)이 있었다.

성경은 인간의 본질을 가리킬 때 육(body), 혼(soul), 영(spirit)이라는 표현을 사용해요. 그래서 이 표현을 그대로 받아들여서 인간의 본질이 셋으로 구성됐다는 삼분설이 옛날에 있었어요. 삼분설에 따르면 육은 물질적인 몸이고, 혼은 사람의 정신이나 기억, 영은 인간의 비물질적인 본질을 가리켜요. 그런데 이런 삼분설에는 여러 모순이 존재합니다.

예를 들면 사람이 머리를 다치거나 나이가 들면(치매가 올 경우), 기억(혼)에 문제가 생기죠. 즉 육에 문제가 생기면, 혼에도 문제가 생기는 거예요. 이처럼 실제로 보니까 육과 혼에 긴밀한 연결 관계가 있는 거예요. 또 사람이 죽을 때 육은 무덤에 들어가고, 영은 천국이나 지옥으로 갑니다. 그런데 천국에 간 영에 혼(정신)이 없다고 생각하는 것도 말이 안 되는 거죠. 신자의 영이 천국에 갔는데 혼(정신)이 없어서 예수님을 기억하지 못하는 건 있을 수 없는 일이잖아요!

이런 점에서 혼은 영과도 밀접한 연결 관계에 있습니다. 따라서 혼을 육과 영이란 분리된 독립적 구성요소로 생각하면 논리적으로 여러 모순이 발생하는 거예요. 즉, 삼분설은 말이 안 되는 겁니다.[32]

2. 삼분설의 모순으로 정통 교회는 이분설(dichotomy)만을 수용했다.

주후 4세기에 아폴리나리우스Apollinarius라는 사람은 결국 삼분설을 믿다가 예수님의 본성에 대해서도 이상한 생각에 빠지고 말았어요. 그래서 교회들은 삼분설의 문제점을 직시하고 이분설을 공식적으로 수용합니다.

이분설은 인간을 육과 영의 두 본질로 구성됐다고 보는 겁니다. 오늘날 세대주의나 일부 신비주의 신앙을 주장하는 이들이 아직도 삼분설을 주장하고 있습니다. 하지만 삼분설은 이미 4세기 이후로 정통교회에서 문제점을 발견했고, 따라서 모순이 많은 견해라는 것을 우리가 기억할 필요가 있어요.

---

32) 삼분설과 이분설에 대해 벌코프(Berkhof)는 다음과 같이 말합니다. "아타나시우스 및 데오도레는 명백히 삼분설을 거부했다… 이 견해는 중세시대에 보편적으로 인정되었던 입장이다. 일부 군소 신학자들이 삼분설을 지지하기도 했으나, 종교개혁 때도 이 견해는 그대로 유지되었다.", 벌코프, 『조직신학(합본)』, 402.

3. 이분설의 핵심은 사람이 영육단일체(psycho-physical unity)라는 이해이다.

이분설에 따르면 성경에 혼(네페쉬, 프쉬케)과 영(루아흐, 프뉴마)이라는 표현은 같은 뜻에 해당합니다. 즉, 우리가 기능적으로 혼을 정신으로 이해하지만, 이것이 영과 육으로부터 독립적으로 존재하는 실체로 이해하지 않는 거예요. 무엇보다 이분설에서 가장 중요한 핵심은 **영육단일체**입니다. 성경에 따라 우리가 영과 육을 구분하지만, 사람이 살아있을 때는 이 둘이 분리된 것처럼 나누어서 생각하지 않는 거예요.

예를 들어 어떤 사람이 기도를 열심히 해요. 그런데 삶에서는 나쁜 행동을 많이 합니다. 그러면 어떤 이들은 그 사람이 "영은 깨끗하지만, 육이 더럽다."라고 말하기도 해요. 그러나 성경은 절대 이렇게 영과 육을 따로 분리해서 이해하라고 말하지 않습니다. 요나가 물고기 뱃속에서 "물이 나를 영혼까지 둘렀사오며.. 내 머리를 감쌌나이다."(욘2:5)라고 말했을 때, 이는 물이 영과 육을 따로 감쌌다는 뜻이 아니라, 자신의 존재 전체를 감쌌다는 거예요. 이처럼 살아있는 사람에게 영과 육은 따로 분리되어서 활동하지 않고 항상 단일체로 활동합니다.[33]

영이 깨끗한 사람은 그 육의 행동도 깨끗해요. 또한 영에 문제가 있는 사람은 삶에서도 말씀에 순종하지 않는 악한 행실이 드러나게 되어있습니다. 우리는 이러한 영육-단일체를 잘 기억해야 하는 거예요.[34]

---

33) 물론 사람이 죽으면 그 몸(육)은 무덤에 들어가고, 영은 즉시 천국으로 갑니다. 웨스트민스터 소요리문답 37문이 다음과 같이 답합니다. "신자가 죽을 때에 그 영혼이 완전히 거룩하게 되어 즉시 영광 중에 들어가고 그 몸은 여전히 그리스도께 연합하여 부활할 때까지 무덤에서 쉽니다."

34) "영육단일체"는 살아있는 사람에게 영과 육이 연합되어 있다는 뜻이지, 둘 사이의 구별이 없다는 뜻은 아닙니다. 오늘날 일원론을 주장하며 마치 사람에게 영 같은 것이 없다는 주장들을 우리는 경계해야 합니다.

1. 삼분설의 문제가 무엇이었나요? 우리가 복습으로 함께 나누어봅시다.

2. 일부 이단 중에는 그 교주가 나쁜 행동을 많이 하는데도
   신도들은 끝까지 그 교주를 추종해요. 왜 이런 현상이 일어날까요?
   오늘 배운 내용을 가지고 한번 말해봅시다.

3. 간혹 "몸(육)은 악하고, 영은 선하다."라는 생각을 가진 이들이 있습니다.
   심지어 성경에도 이런 구절이 있죠. 우리는 이들에게 뭐라고 충고해야 하며
   이 성경 구절은 어떻게 해석해야 할까요?

* 꼭 기억할 요점들

1. 하나님의 형상에 대해서는 역사적으로 다양한 이해가 있었다.

"하나님의 형상이 무엇인가?"는 역사적으로 다양한 견해가 있었습니다. 따라서 우리는 이것만이 꼭 하나님의 형상이라고 단정하며 다른 생각을 너무 미워해선 안 됩니다. 우리는 언제나 성경이 분명하게 말하는 것만을 확실하게 말할 수 있다는 것을 기억해야 합니다.

2. 하나님의 형상은 넓은 의미에서 동물을 능가하는 모든 것이다.

하나님의 형상을 다양하게 이해할 수 있어도 성경은 이에 대해 어느 정도의 경계선을 알려주고 있습니다. 창세기 1장을 읽어보시면 여섯째 날 동물과 사람을 만드시지만, 사람은 "우리의(하나님의) 형상"으로 만드십니다 (1:25-26). 성경은 하나님의 형상이 정확히 무엇인지는 짚어주지 않아도 최소한 동물에게 없는 것임은 분명히 알려주지요. 따라서 우리는 이를 통해 하나님의 형상을 넓은 의미에서 "동물을 능가하는 모든 것"이라고 정의할 수 있는 거예요.

3. 하나님의 형상은 좁은 의미에서 원의(Original Righteousness)이다.

성경은 에덴동산 이후 타락한 사람에게 형상이 무엇인가를 구체적으로 말하지 않죠. 하지만 "창조하신 이의 형상을 따라"(골3:10), "하늘에 속한 이의 형상을 입으리라."(고전15:49)와 같은 표현들은 타락한 이후 하나님의 형상이 상실했다는 점을 알려주고 있어요.[35] 또 예수님을 믿고 변화되어서 이 형상이 회복된다는 사실도 말하고 있지요. 따라서 하나님의 형상은 타락 이후에 상실 혹은 부패하게 된 것이고, 그것을 원의(태초에 원래 가졌던 의로움)로 이해할 수 있는 거예요.

4. 완전한 하나님의 형상은 예수님이다.

"완전한 하나님의 형상은 누구인가?"라고 묻는다면 가장 명확한 답은 예수님입니다. 성경도 "그리스도는 하나님의 형상이니라."(고후4:4)라고 아주 확실하게 말합니다. 따라서 우리는 태초에 하나님의 형상으로 창조됐지만, 타락으로 인해 이 형상을 상실하게 되었습니다.

하지만 우리는 이 형상이 정확히 무엇이라고 말할 수 없어도 예수님을

---

35) 타락 이후 하나님의 형상이 "완전히 없어졌는가?", 아니면 "없어졌지만, 남아있는 것이 있는가?"는 학자마다 견해가 다릅니다. 여기서는 편의를 위해 그냥 "상실했다"라고 표현하겠습니다.

닮아감으로 이 형상을 회복한다는 것은 분명한 사실입니다. 즉, 예수님께서 하나님의 완전한 형상이시고, 우리는 그분을 닮아가며 하나님의 형상을 회복하는 삶을 사는 거예요.

* 더 기억하면 좋은 내용들

1. 형상(image) 과 모양(likeness)

창세기는 "형상을 따라 우리의 모양대로"(창1:26) 사람을 창조했다고 말해요. 고대 교부들은 여기서 형상과 모양을 서로 다른 뜻으로 구분하기도 했죠. 예를 들어 이레네우스는 형상을 육적 특성, 모양을 영적 특성으로 보았습니다. 반면 아우구스티누스는 형상이 인간의 불변하는 자질, 모양은 변하는 자질로 이해하기도 했습니다. 하지만 성경은 형상이 무엇인지도 정확히 특정하지 않을 뿐 아니라, 형상과 모양을 굳이 구분한다고 해서 양자의 의미를 정확히 파악할 수 있지 않습니다. 오히려 더 복잡하게 만들 뿐이죠. 따라서 개혁파 학자들은 이를 굳이 구분하지 않고, 형상과 모양을 동의어로 간주합니다.

2. 타락 후 형상은 상실했는가? 부패했는가? 아니면 그대로인가?

성경은 타락 후 하나님의 형상이 정확히 어떤 상태인지 묘사하지 않습니다. 그래서 학자들 사이에는 이에 관한 여러 견해가 존재합니다. 어떤 이들은 애초에 형상 자체가 손상된 적이 없다고 주장합니다. 또 어떤 이는 타락으로 형상이 아예 상실됐다고 주장하며, 또 다른 이들은 형상이 부패하긴 했지만, 일부 남아있다고 보기도 합니다. 개혁파 학자들은 이러한 견해의 다양성을 존중합니다. 하지만 한 가지 확실한 점은 역시 언급했듯이 그리스도가 하나님의 완전한 형상이라는 겁니다.

3. 언약의 동반자로서 하나님의 형상

최근 언약 신학을 강조하는 메러데스 클라인Meredith G. Kline이나 마이클 호튼Michael S. Horton과 같은 학자들이 주장하는 형상의 이해입니다.[36] 형상을 영혼의 특정 기능(예를 들어, 원의, 도덕성, 이성 등)으로만 이해하지 않고, 하나님께서 맡기신 사명을 이행함으로 그분의 영광을 드러내는 것으로 이해하는 거예요. 쉽게 말해 우리는 그리스도 안에서 공동 상속자, 곧 하나님의 자녀입니다. 그리고 하나님의 자녀로서 우리는 하나님의 빛을 이 세상에 비추는 거울, 곧 형상(image)으로 살아가야 한다는 것이지요.

즉, 하나님의 빛께서 맡기신 사명을 감당하며, 그분의 빛을 비추는 거울이라는 뜻에서 형상으로 이해하는 겁니다. 따라서 우리는 그리스도 안에서 왕, 제사장, 선지자와 같은 사명을 이 세상에서 잘 감당할 때 하나님의 형상으로서 삶을 이 세상에 잘 드러내는 것이지요.

---

36) 이에 자세한 내용으로 마이클 호튼, 『(언약적 관점에서 본) 개혁주의 조직신학』, 이용중 역 (서울: 부흥과개혁사, 2012) 399-409; 메러디스 클라인, 『구약에 나타난 성령의 형상』, 서홍종 역 (서울: 줄과추, 1999), 101-121를 참고하시기 바랍니다.

1. 여러분 생각에 하나님의 형상은 무엇이라고 생각하시나요?

2. 우리는 성령으로 거듭남으로 이미 회복되었으며, 또 회복되어 가는
   "하나님의 형상"이라고 볼 수 있습니다. 하지만 불신자들은 그렇지 않죠.
   그런데 과연 그들에게 하나님의 형상이 남아있다고 볼 수 있을까요?
   그들에게 비록 조금이나 (하나님의 완전한 형상이신) 예수님과 비슷한 모습이
   남아있을까요? 우리가 이에 대해 자유롭게 나눠봅시다.

* 꼭 기억할 요점들

1. 사람은 창조주 하나님께 당연히 순종해야 한다.

원래 하나님과 사람은 창조주-피조물의 관계입니다. 따라서 이성적인 피조물로서 사람은 하나님께 순종하는 것이 근본적으로 당연한 겁니다. 예를 들어 사람이 만든 자동차, 스마트폰, 컴퓨터 등을 생각해봅시다. 만일 이런 물건들이 사람의 조작에 순응하지 않는다면 그 존재의 가치가 있을까요? 이처럼 우리는 창조주이신 하나님을 중심으로 생각할 때 피조물인 사람이 하나님께 순종하는 건 너무 당연한 거예요.

2. 행위 언약은 하나님께서 사람에게 맞춰서 맺어주신 언약(계약)이다.

앞서 말했듯이 원래 사람은 창조주이신 하나님께 순종해야 합니다. 그런데 기억해야 할 것이 있습니다. 하나님께는 어떤 결핍이나 부족함이 없으신 분이십니다. 사람이 하나님의 부족함을 채우기 위한 무언가를 할 필요가 없는 거지요. 그런데 만일 사람이 하나님에 대해 아무런 행동(순종)도 하지 않으면 어떻게 될까요? 그러면 하나님과 사람 사이에는 영원히 아무 관계가 없게 되는 겁니다. 마치 주차장에 영원히 세워진 자동차와 같은 거예요. 사람과 아무런 관계가 없는 자동차처럼 말이에요.

그래서 하나님께서는 "선악과를 먹지 말라."라는 약속을 통해 사람과 언약을 맺으신 겁니다. 즉, 우리가 볼 때, 이 명령은 불필요하고 터무니없지만, 사실 하나님은 이를 통해 인간에게 순종을 요구하시고 그 순종을 기쁘게 받으시는 방식으로 인간과의 언약을 맺으신 겁니다.

3. 행위 언약은 사랑의 언약이다.

우리는 최초의 이 언약이 사랑의 언약임을 기억해야 합니다. 사람은 피조물로서 창조주이신 하나님께 순종하도록 지음을 받았습니다. 그런데 하나님께 아무런 순종할 일이 사람에게 없으면 그건 비참한 거예요. 그런데 하나님께서는 친히 행위 언약을 맺으셔서 아담에게 순종을 요구하셨고 만일 아담이 순종했다면 그것을 기쁘게 받으셨던 것입니다. 그래서 행위 언약은 아담을 시험하거나 괴롭히려는 언약이 아니라 하나님께서 피조물인 사람에 대한 사랑의 언약임을 우리는 기억해야 합니다.

* 더 기억하면 좋은 '웨스트민스터 신앙고백서'

"하나님과 피조물의 격차는 너무 커서 이성적인 피조물이
그들의 창조자인 하나님께 순종할 의무가 있지만,
그들이 결코 그를 만족시켜 축복이나 보상을 받을 수 없고,
오로지 하나님 편에서 자원하신 모종의 격하(비하)에 의해서만 가능한데, 하나
님은 그것을 계약(언약)의 방식으로 나타내기를 기뻐하셨다."

(7장 1항)

"인간과 맺은 첫 계약(언약)은 일종의 행위계약(언약)으로서,
거기에서는 완전하고, 인격적인 순종을 조건으로 아담과 그 안에서
그 후손에게 약속되었다." (7장 2항)

1. 종종 어떤 이들은 아담에게 주신 "선악과를 먹지 말라."라는 이 언약이
유치하고 부당하다고 말합니다. 심한 경우는 역사적 사실이 아니라고
말하기까지 합니다. 우리는 이런 사람들에게 뭐라고 말해야 할까요?

2. 사도 바울은 예수님을 "마지막 아담"(고전15:45)이라고 표현합니다.
예수님은 어떤 점에서 "아담"으로 표현할 수 있을까요?
우리가 행위 언약과 관련해서 설명해봅시다.

"은혜 언약은 무엇인가요?"

* 꼭 기억할 요점들

1. 아담의 불순종으로 행위 언약은 파기되었다.

아담과 하와는 하나님께서 금하신 열매를 먹었습니다. 그래서 하나님과의 언약(약속)은 파기되었습니다(호6:7). 하나님께서는 친히 자신을 낮추시고, 사람에게 순종을 요구하는 언약을 아담과 맺으셨지만, 아담과 하와는 이를 어기고 이 언약은 깨버린 거예요.

2. 타락 후에도 하나님과의 언약은 순종이 요구되지만,
인류는 완전하게 순종할 수 없다.

아담이 타락한 후에도 하나님은 자기 백성과 언약을 맺으시고 이때 사람에게 순종을 요구하시죠.[37] 하지만 이 언약은 아담에게 요구하신 순종과 성

---

37) 웨스트민스터 신앙고백서는 7장 5항에서 구약에 여러 언약을 다음과 같이 설명합니다. "이 언약이 율법의 시대와 복음의 시대에 다르게 시행되었는데, 율법 아래에서는 유대인들에게 주어진 약속, 예언, 제사, 할례, 유월절 어린양, 그리고 기타 여러 표상과 규정들에 의해 시행되었다." 물론 이 언약들은 결국 그리스도 안에서 성취될 "은혜 언약"입니다.

격이 다릅니다. 왜냐하면, 아담에게 요구하실 때는 타락하기 이전이었기 때문에 완전한 순종이 가능했어요. 하지만 타락 후로는 부패한 본성으로 완전한 순종이 불가능해졌습니다. 즉, 하나님께서는 언약을 통해 순종을 요구하시지만, 사람은 이를 완전하게 행할 수 없는 거예요.

3. 언약의 완전한 순종은 그리스도가 성취하셨고, 믿음으로 우리의 것이 된다.

결국 은혜 언약이라고 불리는 이유는 예수님께서 타락한 인간이 이룰 수 없는 완전한 순종을 대신 이루어 주시기 때문이에요. 우리는 믿음으로 그리스도와 연합하여 주께서 이루신 완전한 순종이 마치 우리의 것처럼 여겨집니다. 바울이 말처럼 우리는 "그의 죽으심과 합하여 세례를 받음으로 그와 함께 장사"된 것이지요(롬6:4). 심지어 그 믿음조차 성령께서 은혜로 주신 것이고요. 그래서 우리는 이 언약이 우리에게 은혜(선물)가 되기 때문에 "은혜 언약"이라고 부르는 거예요.

4. 은혜 언약의 핵심은 오직 그리스도 때문에, 우리가 언약의 성취자가 되는 것이다.

우리가 하나님과의 완전한 언약, 다시 파기될 수 없는 영원한 사랑의 관계가 계속되는 이유는 오직 예수님 때문입니다. 우리의 순종이 아니라 예수님께서 이미 완전하게 순종하셨고, 또 그리스도 안에서 우리는 언약을 다 이룬 자들이 되는 거예요. 그래서 하나님이 우리의 예배를 받으시고, 우리의 부족한 선행을 기뻐 받으시는 이유는 오직 예수님 때문이에요. 다시 말해 우리가 믿음으로 예수님 안에 있기 때문에 하나님께서는 우리의 부족한 모든 것을 의롭게, 그리고 기쁘게 받아주시는 거예요.

* 더 알면 좋은 '구속 언약'

1. 구속 언약은 구원을 위한 삼위 하나님 간의 의논이다.

아담이 죄를 지어버리자 하나님께서 인류의 구원을 위해 급하게 계획을 짜시고, 시행했다고 생각한다면 아주 큰 오산입니다. 우리가 앞서 본 것처럼 하나님은 시간을 초월하시는 분이시고 따라서 하나님께서는 이미 영원 전 인류를 구원하시기 위한 계획이 있다고 보아야 합니다.

성경은 이러한 하나님의 영원 전 구속의 의논을 말하는 구절이 있는데 (엡1:4이하; 3:11; 살후2:13; 딤후1:9), 이를 근거로 학자들은 이 의논을 구속 언약이라고 부르는 겁니다. 간단하게 말해서 인류를 구원하시기 위해 삼위 하나님 사이에 맺어진 언약(약속), 협정이라고 보시면 됩니다.

2. 구속 언약에서 성부의 계획, 성자의 실행, 성령의 적용이 결정되었다.

우리는 사람의 몸을 입고 십자가에서 죽은 분이 성자 예수님이시기 때문에 구원 사역을 예수님의 사역으로만 생각하기 쉽습니다. 하지만 구속 언약을 고려할 때 구원 사역은 삼위 하나님 모두의 사역입니다. 이미 영원 전에 의논을 통해 성부의 계획과 성자의 실행, 성령의 적용이 결정되었고, 하나님께서는 이를 시간 안에서 이루심으로 우리를 구원하신 것입니다.

3. 구속 언약은 구원이 하나님의 은혜임을 더 잘 보여준다.

학자들은 종종 구속 언약과 은혜 언약을 하나로 묶곤 합니다. 왜냐하면 구속 언약이 영원 전에 이루어졌다면 은혜 언약은 이 구속 언약이 시간 속에서 이루어진 것이기 때문입니다. 따라서 지금 우리가 은혜 언약으로 구원받은 자가 된 것은 근본상 삼위 하나님의 구속 언약에서 비롯됐다고 볼 수 있습니다.

즉, 구원은 인간의 공로뿐 아니라, 인간의 지혜나 아이디어에서 비롯되지 않았음을 기억해야 합니다. 구원은 이미 영원 전부터 하나님의 지혜롭고 화평한 의논을 시작으로 시간 안에서 시행되어 지금 우리에게 오직 은혜로 주어진 겁니다!

* 꼭 생각해보기

1. 우리는 하나님께 순종해야 하지만,

   "순종해서 천국에 간다."라고 생각해선 안 됩니다. 왜 그럴까요?

   앞서 배운 행위 언약과 은혜 언약을 함께 고려하여 생각해봅시다.

2. 하나님께서는 "음치"인 성도의 찬송을 기쁘게 받으실까요?

   또 오늘날 종종 불신자 가수나 성악가를 교회에 초청해서

   찬송을 부르도록 하는 모습을 보게 됩니다. 과연 예수님을 믿지 않는데도

   그들의 아름다운 노래를 하나님께서 기쁘게 받으실까요?

"예수님의 신성과 인성이 무엇인가요?"

(※ 본 장부터 살펴볼 주제는 기독론입니다.
쉽게 말해 예수님에 대한 내용이에요.
여러분은 예수님에 대해 얼마나 알고 계신가요? 혹시 잘못 알고 있지는 않았나요?
기독론을 통해 예수님이 어떤 분이신지를 함께 배워보도록 합시다.)

* 꼭 기억할 요점들

1. 예수님은 완전한 하나님(신성)과 완전한 사람(인성)이시다.

우리가 간혹 실수할 수 있는 점은 예수님의 신성과 인성에 있어서 어느 한쪽만 강조하는 경우입니다. 예를 들어 예수님이 하나님 되심을 강조하다가 뭔가 우리와 "다른 사람"(초인)과 같이 여길 수도 있고, 또 사람 되심을 너무 강조하다가 성부 하나님보다 좀 못한 하나님처럼 인식하는 경향입니다.

우리가 지금은 그렇게 생각하지 않아도 이 부분을 제대로 정리하지 않으면 자칫 한쪽으로 기울어진 사고에 빠질 수 있습니다. 따라서 우리는 여기서 확실하게 정리해야 합니다. 예수님은 100% "완전한 하나님"이시며, 100% "완전한 사람"이라는 사실을 말이에요(물론 죄 없는 사람이십니다). 어느 한쪽을 더 강조해선 안 됩니다. 둘 다 강조해야 합니다! 다시 말하지만, 예수님은 완전한 하나님, 완전한 사람이십니다.

2. 예수님의 인성과 신성은 뚜렷하게 구별되면서, 연합되어 있다.

예수님의 인성과 신성은 예수님 안에 분리, 혼합, 흡수, 뒤섞임이 아니라, 하나로 연합되어 있는 겁니다. 실제로 고대 교회에서 네스토리우스^{Nestorius}는 두 본성의 구분을 강조하다가 마치 신성과 인성이 완전히 분리된 것처럼 주장하여 결국 에베소 공의회(B.C. 431)에서 이단으로 정죄를 당했습니다. 또한 유티커스^{Eutyches}는 두 본성이 합쳐짐을 강조하다가 인성이 신성에 흡수된 것으로 표현해 버렸어요. 그래서 결국 그는 칼케톤 공의회(B.C. 450)에서 정죄를 당했죠. 따라서 예수님의 두 본성을 완전히 분리하거나 혹은 완전히 융합된 것으로 생각해선 안 돼요. 두 본성은 분명하게 구별되면서도 그리스도 안에서 하나로 연합되어 있는 겁니다.[38]

3. 예수님의 인성은 공간의 제약이 있으나, 신성은 무소부재(無所不在)이다.

예수님은 나다나엘에게 "빌립이 너를 부르기 전에 무화과나무 아래에 있을 때에 보았노라"(요1:48)라고 말씀하십니다. 이는 예수님의 육신(인성)이 분명 다른 공간에 있었으나 신성으로 그를 보셨음을 뜻합니다. 예수님은 신성에 있어서 완전한 하나님이시기 때문에 공간을 초월하는 겁니다. 하지만 또 인성은 완전한 사람이시기 때문에 공간의 제약 안에 있는 겁니다. 그리

---

38) 벨직 신앙고백서는 19장 "그리스도의 두 본성"에서 다음과 같이 고백합니다. "(그리스도의 두 본성이) 불가분리적으로 연합하였음을 우리는 믿는다. 그러므로 하나님의 아들은 두 분이 아니며, 두 위격이 아니며, 한 위격에 두 본성이 결합한 것으로 그 두 본성은 각각의 고유한 성격을 유지한다."

고 이런 신성과 인성은 분리가 아니라, 한 위격 안에 하나로 연합되어 계신 것이지요.[39]

* 더 생각해 볼 내용들

1. 유한은 무한을 담을 수 없다(finitum non capax infiniti).

인성이라는 건 유한이고, 신성은 무한입니다. 예수님의 인성에 신성이 모두 담겨 있다는 건 이치에 맞지 않는 것이죠. 그래서 학자들은 "칼빈주의 밖에서"(Extra Calvinisticum)라는 표현을 써요. 예수님의 신성은 인성 안에도 온전히 충만하게 연합하셨을 뿐 아니라, 인성 밖에도 충만하게 있음을 뜻하는 거예요.

2. 루터파가 주장하는 인성의 편재

루터파는 예수님의 인성과 신성이 속성 간의 교류(communicatio idiomatum)로 인해 인성이 신성의 위엄에 참여했다고 주장합니다. 그래서 예수님의 인성에도 편재, 전지, 전능의 속성이 있다고 보는 거예요. 루터파에 따르면 예수님의 인성도 공간을 초월하시기 때문에 예수님은 승천하셨지만, 그 몸으로도 지금 우리와 함께 있다는 논리를 말해요. 이는 결국 루터파의 공재설과 밀접한 관련이 있어요.[40]

---

39) 하이델베르크 요리문답은 48문에서 다음과 같이 답합니다. "신성은 아무 곳에도 갇히지 않고, 어디나 계십니다. 그러므로 신성은 그가 취하신 인성을 초월함이 분명하며, 그러나 동시에 인성 안에 거하고 인격적으로 결합되어 있습니다."
40) 공재설에 대해서는 이후 "성찬이란 무엇인가요?"를 참고하세요.

3. 개혁주의 신학의 인성의 구체성

우리 개혁주의 신학은 앞선 루터파의 이런 이해를 반대하고, 끝까지 예수님의 인성은 구체적(Concreto)이라고 주장합니다. 쉽게 말해 인성이 만일 공간을 초월한다면 그것은 이미 인성(사람 됨)이라고 말할 수 없기 때문에 인성은 우리와 같이 공간의 제약이 있는 것으로 이해하는 거예요.

따라서 예수님의 인성은 지금 승천하셔서 하늘에 계시고 지상에는 계시지 않는 거죠. 물론 신성에 있어서 우리와 함께하시지만, 그 인성은 분명 하늘에 있는 거예요. 우리는 이처럼 인성의 편재를 거부하고 인성을 구체적으로 이해합니다.[41]

---

41) 벨직 신앙고백서는 다음과 같이 고백합니다. "그리스도의 인성도 그 고유한 성질을 잃지 아니하고 피조물로서의 성질을 유지하므로 그리스도의 인성은 시작된 날이 있고, 참된 몸이 갖는 모든 유한한 성질을 유지한다. 그리스도께서 부활하심으로 죽지 아니하는 불멸성을 가지셨으나 그것이 그의 인성을 변화시키지는 않는다."

* 꼭 생각해보기

1. 예수님의 인성과 신성에 대해서 간단하게 정의를 내려 봅시다.

2. 예수님의 인성에 대한 루터파와 개혁파의 견해 차이의 핵심이 무엇인가요?

3. 예수님의 고난과 십자가에서의 죽음은 인성에 해당할까요?

   아니면, 인성과 신성 둘 다 해당할까요?

   앞서 배웠던 하나님의 비공유적 속성을 잘 고려해서 생각해봅시다.

"예수님의 비하의 신분은 무엇인가요?"

* 꼭 기억할 요점들

1. 비하의 신분은 성육신부터 죽음까지를 뜻한다.

예수님의 비하(humiliatio)의 신분은 어렵게 생각할 거 없이 인성을 지니시면서 받으신 모든 고통을 포괄한다고 생각하면 돼요. 개혁신학은 이를 총 다섯 단계로 구분하는데, 먼저 "성육신", "고난", "죽음", "장사 지냄", "음부에 내려가심"입니다. 간단하게 말하면, 사람의 몸을 입으신 사건을 시작으로 부활하시기 전까지의 모든 상태를 비하의 신분으로 이해하시면 됩니다.

2. 비하의 신분에서 예수님은 언제나 고난을 받으셨다.

우리의 착각 중 하나는 예수님의 고난이 십자가에만 있다고 생각하는 거예요. 다시 말해, 채찍을 맞으시고 가시 면류관을 쓰시며 십자가에 못 박혀 죽는 모습으로 육체적 고난만 생각하는 것이지요. 하지만 예수님이 근본 하나님이라는 점을 생각하면, 비하의 신분을 취한 그 자체가 고난이라는 점을 기억해야 합니다. 예수님은 성육신하시고 인간의 몸을 입으신 이후로 부활하기 전까지 모든 공생애에 있어서 고난을 받으신 거예요.

3. 예수님의 고난은 사람이 모방할 수 없고, 이해할 수 없는 고난이다.

우리가 비하의 신분을 제대로 이해했다면, 예수님의 십자가가 얼마나 큰 고난인지도 생각할 수 있어야 해요. 간혹 어떤 이들이 예수님의 십자가를 따라 하거나 또 일평생 비참하게 살아온 사람들과 비교하며 예수님의 고난이 별로 크지 않은 것처럼 말하는 분들이 있죠. 하지만 우리는 예수님이 근본 하나님이라는 사실을 기억해야 합니다. 즉, 사람이 아니라, 하나님이 사람의 몸을 입으시고 사형수와 같이 십자가에 달려 돌아가신 거예요. 이는 참으로 우리가 이해할 수 없는 엄청난 고난입니다.

* 더 기억하면 좋은 "하이델베르크 요리문답"

제44문:

왜 사도신경에는 "음부에 내려가셨다가"라는 귀절이

덧붙여져 있습니까?

답:

내가 깊은 두려움과 유혹의 위기에 처할 때에 그리스도께서

나의 구주가 되시어 온 삶을 통하여,

특별히 십자가에서 형언할 수 없는 영혼의 괴로움과 고통, 두려움을

당하시면서 나를 음부의 괴로움과 고통으로부터 구원하셨다는 것을

확신하게 합니다.

1. 본래 사도신경에는 "음부에 내려가셨다"라는 표현이 있었습니다.

   이는 예수님이 지옥에 갔다 오셨다는 뜻일까요?

   앞선 하이델베르크 요리문답을 잘 읽어보고 생각해봅시다.

2. 영화 "패션 오브 크라이스트"(The Passion Of The Christ, 2004)는

   예수님의 십자가 고난을 참으로 리얼(real)하게 묘사합니다.

   하지만 이 영화에서 예수님의 고난을 묘사하는 것은 분명 한계가 있습니다.

   어떤 한계가 있을까요?

"예수님의 승귀의 신분은 무엇인가요?"

* 꼭 기억할 요점들

1. 예수님의 승귀 신분은 부활 이후에 모든 상태를 가리킨다.

예수님의 승귀 신분, 곧 높아지신 신분은 부활 이후의 상태라고 보시면 돼요. 이제는 고난 받는 종의 모습이 아니라, 영광스러우며, 강하고, 신령하신 주님의 모습이지요. 우리는 흔히 예수님의 고난만 묵상하곤 하지만, 예수님이 천상에서 누리시는 그 영광에 대해서도 함께 생각해야 합니다. 예수님께서 친히 고난을 통과하시고, 사망 권세를 이기셔서 영광 중에 계시기 때문에 우리도 주 안에서 영화의 소망을 품을 수 있는 거예요.

2. 승귀 신분에서 예수님은 불멸의 육체를 소유하셨다.

예수님의 부활하신 몸은 물론 이전과 완전히 다른 몸이라고 할 수 없지만, 또 완전히 같은 몸이라고 말할 수도 없어요. 우리가 알듯이 예수님은 친히 상처를 제자들에게 보이셨기 때문에 육신 자체는 같은 거예요.

하지만 예수님은 그 육체를 부활 이후 승천하셔서 지금까지 소유하고 계시기 때문에 죽지도 않고 늙지도 않는 불멸의 육체임을 기억해야 합니다.[42] 우리는 예수님께서 이런 완전한 육체를 소유하심과 같이 우리도 장차 재림 때에 몸의 부활로 그러한 육체를 소유하게 되리라는 소망을 품어야 하는 거예요.

3. 예수님은 승천하셔서 지금도 만유를 다스리신다.

우리는 예수님의 죽음과 부활을 주로 강조하다가 승천을 잊어버리기 쉽습니다. 하지만 예수님은 분명 지금도 모든 권세를 가지시고 만유를 다스리시며, 앞으로도 영원토록 계속 그렇게 하실 거예요. 또 재림하셔서 새 하늘과 새 땅을 완성하실 것이고요! 우리는 이렇게 승천하신 예수님에 대해 항상 기억하고 묵상할 필요가 있어요.[43]

---

42) 웨스트민스터 신앙고백서는 8장 4절에서 부활하신 몸이 동일한 몸이라고 고백해요. 한편 벨직 신앙고백서 19장은 부활하고 승천하신 몸이 불멸성이 있음을 역시 고백합니다.
43) 하이델베르크 요리문답은 51문에서 승천의 상태에 대해 다음과 같이 답합니다. "그는 그의 권능으로 우리를 모든 원수로부터 보호하고 보존하십니다."

* 더 기억하면 좋은 내용들

1. 예수님의 공간-장소적 승천

루터파와 달리 개혁파는 예수님의 인성을 끝까지 구체적으로 이해하기 때문에 우리는 예수님께서 공간적으로 승천하셨으며 지금도 장소적으로 계신다고 이해합니다. 즉, 우리에게 지금 예수님이 계신 "천상의 나라"(천국)는 예수님의 물리적인 몸이 거하기 때문에 당연히 물리적 장소로 이해합니다. 심지어 개혁신학자 찰스 핫지Charles Hodge는 예수님이 계시는 그 천국이 우주의 특정 공간이라고 주장하기까지 했습니다.[44] 물론 그의 의도는 인간이 우주선을 타고 갈 수 있는 그런 천국을 말하려는 건 아닙니다. 단지 예수님의 육신(인성)이 있는 곳이기 때문에 그 구체적인 육신이 거하는 천국임을 강조하기 위함일 뿐입니다.

2. 상징적인 아버지 우편에 앉으심(시 110:1)

성경뿐 아니라 사도신경으로도 우리는 승천하신 예수님의 "아버지(성부) 우편에 앉으심"을 고백합니다. 하지만 이 표현을 마치 예수님이 문자 그대로 천국에 있는 의자에 계속 앉아있다거나 또 비하의 신분 때 힘들었기 때문에 휴식을 취하는 것으로 생각하는 건 아주 큰 잘못입니다.

여기서 "우편에 앉으심"은 아버지로부터 부여받은 모든 권세를 상징

---

44) Chales Hodge, Systematic Theology Vol. 2, (Grand Rapids: Eerdmans Publishing, 1982), 631.

적으로 의미합니다. 우리는 신약 성경에서 승천하신 예수님이 "서 계신 모습"(행7:56), 그리고 "거니시는 모습"(계2:1)을 묘사합니다. 이처럼 예수님은 승귀의 신분에서 열심히 일하시며 만유를 다스리고 계시지, 마치 계속 의자에 앉아있거나, 휴식을 취하는 것으로 이해해선 안 됩니다.[45]

---

45) 하이델베르크 요리문답은 50문에 다음과 같이 문답합니다. "'하나님 우편에 앉아 계시며'라는 말이 왜 덧붙여졌습니까? 그리스도는 거기에서 자신을 그의 교회의 머리로 나타내기 위해서 하늘에 오르셨으며, 성부께서는 그를 통하여 만물을 다스리십니다."

* 꼭 생각해보기

1. 훗날 예수님께서 재림하실 때 어디서 나타나실까요?

   또 재림하신 예수님을 우리가 만질 수 있을까요?

   루터파와 개혁파는 각각 이를 어떻게 이해할지 우리가 한번 나누어봅시다.

2. 예수님은 분명 부활 이후 불멸하는 완전한 육체를 지니셨지만,

   그 몸에는 상처의 흔적이 남아있었습니다(요20:25).

   왜 이런 흔적이 남겨져 있는 걸까요? 이에 대해 자유롭게 나누어 봅시다.

"역사적 예수는 무엇인가요?"[46]

* 꼭 기억할 요점

1. '역사적 예수'는 성경에 나온 예수님을 연구하는 게 아니다.

간혹 인터넷이나 서점에 보면 "역사적 예수"(Historical Jesus)가 붙은 제목을 보게 됩니다. 어떤 분들은 "예수님을 역사적으로 연구하는 책이구나."라고 생각하고 구매했다가 낭패를 보기도 하지요.

"역사적 예수"라는 이 용어는 19세기 말 성경 비평과 관련되어 크게 유행했던 견해입니다. 간단히 말해서 **이 연구의 핵심은 "성경에 기록된 예수님"이 아니라, "실제 역사의 예수님"에게 있어요.** 즉, 성경에 기록된 예수님과 실제 역사의 예수님은 다르기 때문에 그 실제 예수님을 연구하겠다는 겁니다. 성경에 나타난 예수님의 기록들을 조작된 것으로 보는 거지요. 이게 역사적 예수 연구입니다.

---

46) "역사적 예수"(Historical Jesus)뿐 아니라, "자유주의"(Liberalism)와 "신-정통주의 신학"(Neo-orthodoxy Theology) 등 현대 신학의 세부적인 내용을 개관하기에 좋은 책으로 로저 E. 올슨, 『현대 신학이란 무엇인가』, 김의식 역 (서울: IVP, 2021)을 추천합니다.

2. '역사적 예수 연구'의 중요 인물로 알버트 슈바이처가 있다.

알버트 슈바이처Albert Schweitzer는 흔히 아프리카에서 일평생 봉사했던 선량한 의사로 알려져 있습니다. 그는 신학으로 박사학위를 받았고 그 논문 제목이 "역사적 예수의 연구", 그리고 이 연구는 성경의 예수님이 아닌 실제 역사 속 예수님을 찾아내는 내용이 담겨 있습니다. 슈바이처는 이 연구에서 예수님이 십자가에서 죽어버린 실패자로 평가합니다.

3. 성경의 예수님이 실제 역사의 예수님이시다!

우리는 이런 헛된 연구에 미혹되어선 안 되고 성경이 말하는 예수님이 "실제 역사의 예수님"이라는 사실을 분명하게 기억해야 합니다. 실제로 예수님이 십자가에서 죽어버렸으나, 제자들이 성경에다가 부활했다고 지어내서 거짓으로 써놓은 게 아니에요. 역사적 예수 연구자들은 이렇게 주장하지요. 하지만 우리는 성경이 하나님의 오류가 없는 말씀으로 이 말씀에 기록된 예수님의 모든 행적이 다 실제 사건이라는 것을 굳게 믿으며 우리의 믿음을 잘 지켜가야 합니다.

*더 기억할 위험한 사상들

1. 신-정통주의 신학 (Neo-orthodoxy Theology)

19-20세기에 이르러 칼 바르트[Karl Barth], 에밀 브루너[Emil Brunner], 루돌프 불트만[Rudolf Bultmann], 폴 틸리히[Paul Tillich], 라인홀드 니버[Reinhold Niebuhr] 등과 같은 학자들이 자유주의 신학에 대한 반발로 하나님의 초월성과 실존주의를 강조하며 등장한 신학적 사조입니다.

물론 다 견해가 다르지만 요약하면, 이들은 하나님의 계시를 인간의 물음에 대한 답으로만 이해하려는 경향이 있습니다. 성경의 예수님의 부활, 모세의 기적들이 역사적 사실인지는 중요하지 않다는 겁니다. 단지 현재 "나"라는 실존에게 어떤 해답을 주고 있는가에 초점을 두는 것이지요. 즉, 이들은 성경적이기보다, 실존적이고 철학적 색채가 더 강하다고 볼 수 있습니다.

2. 과정 신학 (Process Theology)

20세기 중엽 영국의 철학자 화이트헤드[Whitehead]로부터 유래된 견해입니다. 사실 이는 진화론적 이해가 팽배해 지면서 하나님도 세계와 교류하며 진화해간다고 보는 것이지요. 간단히 말하면, 인간, 세계와 함께 하나님도 진화해가는 과정에 있다는 뜻에서 과정 신학이라고 불리는 겁니다. 역시 위험한 견해이고 다행히도 오늘날 이 견해를 신봉하는 사람은 그다지 많지 않습니다.

3. 해방 신학 (Liberation Theology)

20세기 중후반으로 넘어오면서 자본주의 사회에서 발생하는 착취와 억압, 인종차별 문제, 오늘날은 성차별 문제 등을 지적하며 이런 차별과 억압으로부터 해방이 마치 성경의 핵심처럼 주장하는 것을 해방 신학이라고 부릅니다.

물론 우리는 오늘날의 사회 여러 문제에 대해 고민하고 답을 제시하려고 노력해야 합니다. 하지만 해방 신학은 마치 성경 자체가 약자만을 위한 책처럼 이해하고, 또 지나친 반-권위, 자본주의를 절대 악으로 보고, 사회주의가 답인 것처럼 주장합니다. 즉, 이들은 한쪽 극단을 비판하다가 반대쪽 극단에 치우쳤다고 볼 수 있지요.

예를 들어 나쁜 경찰이 있으면 우리는 나쁜 경찰을 비판해야 하지만, 결국 건강한 경찰이 필요하다는 결론으로 나아가야 합니다. 그런데 나쁜 경찰 때문에 경찰은 아예 필요 없다고 주장해버리면 극단에 빠져버린 것이지요. 실제로 해방 신학이 바로 이런 극단적 견해로 볼 수 있습니다.

* 꼭 생각해보기

1. "성경의 예수님"이 "실제 역사의 예수님"이라고 믿는 것은
   우리에게 왜 중요할까요? 한번 나누어봅시다.

2. 해방 신학의 극단적인 문제점을 말해보고,
   우리에게 필요한 "균형 잡힌 신앙"이 무엇인지 말해봅시다.

슬기로운 신앙생활 (21)
"부르심(소명)이란 무엇인가요?"

(※ 본 장부터 다룰 주제는 "구원론"입니다.
우리는 앞으로 신자가 구원을 받는 논리적 순서를 나타내는 "구원의 서정" 중 일부를 다루고자 합니다. 학자들은 구원의 서정으로
"부르심 - 중생 - 회심 - 칭의 - 양자 됨 - 성화 - 견인 - 영화"를 제시합니다.
따라서 여기에서 전부 다루지는 못해도 일부를 통해
하나님께서 어떻게 우리를 구원하시는지를 함께 살펴보도록 합시다.)

* 꼭 기억할 요점

1. 부르심에는 말씀으로 부르시는 외적 부르심(external calling)이 있다.

하나님께서는 구원하시기로 예정한 사람을 어떻게 부르실까요? 논리적 순서로 가장 먼저 말씀입니다. 즉, 성경 읽기, 복음 전도 혹은 목사님의 설교 등으로 가장 먼저 말씀을 듣고 우리는 그 말씀으로 복음을 접하게 되는 거죠. 이걸 바로 **외적 부르심**이라고 부르는 겁니다.

하나님께서 구원하기로 예정하신 자를 정하신 때에 말씀을 듣고 부르심을 받도록 하는 것을 우리가 외적 부르심이라고 부릅니다.

2. 부르심에는 성령의 역사, 곧 내적 부르심(internal calling)이 있다.

예를 들어 어떤 사람이 말씀을 듣고 예수님이 어떤 분인지, 또 어떻게 구원을 받는지 알았다고 칩시다. 그러면 말씀을 들었기 때문에 그것만으로 그 사람이 성도가 될 수 있을까요?

우리가 전도해보면 알 수 있듯이 세상의 많은 사람은 이미 성경 말씀에 대한 어느 정도의 지식을 가지고 있습니다. 그런데도 믿지 않는 자들이 정말 많죠. 외적 부르심만으로 모든 사람이 그 부르심에 응답하는 건 아닙니다. 그들의 마음에 또 다른 작용이 필요하고 그게 바로 성령의 역사로 일어나는 **내적 부르심**입니다. 우리는 내적 부르심을 통해 외적 부르심에서 받은 말씀들을 온전히 믿고, 주님을 영접하게 됩니다.

3. 〈외적 + 내적 부르심〉이 될 때, 유효한 부르심(effectual calling)이 된다.

유효한 부르심은 말 그대로 부르심이 유효하게 적용된다는 뜻입니다. 외적 부르심과 내적 부르심이 함께 이루어질 때 말이죠. 따라서 하나님께서 우리를 부르실 때는 말씀으로만 부르시지도 않고, 성령으로만 부르시는 것도 아닙니다. **하나님은 〈외적 + 내적 부르심〉, 곧 〈말씀 + 성령〉으로 우리를 부르시는 거예요.** 그리고 이 두 가지가 함께 적용될 때, 유효한 부르심이 되는 겁니다.[47]

---

47) 웨스트민스터 신앙고백서는 10장 유효한 부르심 1항에서 다음과 같이 고백합니다. "하나님은 그가 생명으로 예정하신 모든 사람을, 그리고 그들만을 그가 정하시고 수락하는 때에 그의 말씀과 성령으로 그들이 본질상 처해있는 죄와 죽음의 상태에서 예수 그리스도에 의한 은혜와 구원에 이르도록 효력있게 부르기를 기뻐하신다."

*더 생각해 볼 실천적 문제들

1. 말씀을 많이 전한다고 해서
그것으로 유효한 부르심을 받는 건 아니다.

우리는 친구나 배우자, 부모님을 전도할 때 말씀을 무조건 많이 전하면 그게 차곡차곡 쌓여서 결국 그들이 예수님을 믿고 신자가 될 것으로 생각합니다. 또 어떤 분들은 평범한 설교보다 감정적으로 강하게(?) 전하는 설교를 들을 때, 불신자가 신자로 변화될 것처럼 생각하죠.

하지만 우리는 유효한 부르심이 말씀만으로 되는 것이 아니라, 결국 성령의 역사가 꼭 필요하다는 점을 기억해야 합니다. 결단코 말씀을 전하는 인간의 노력만으로 되는 게 아니라는 거예요. 따라서 우리는 전도 대상자에게 말씀을 꾸준히 그리고 효과적으로 전하려고 노력해야 하지만, 마치 사람의 노력만으로 유효한 부르심을 이루어낼 수 있다는 착각에 빠져선 안 됩니다.

2. 유효한 부르심에 있어서 우리에게 인내(혹은 오래 참음)가 필요하다.

오늘날 많은 사람이 쉽게 간과하는 성령의 열매가 **인내**(혹은 오래 참음)입니다. 사실 오늘날 성도들은 자신도 모르게 전도 대상자에 대한 전도 기간을 마음속에 정해놓습니다. 무슨 말이냐면 전도 대상자에 대한 전도 기간이 수십 년까지도 될 수 있다는 가능성을 완전히 배제하는 거예요.

하지만 결국 부르심이 말씀뿐 아니라, 성령의 역사도 있어야 한다면, 우리는 그 성령의 역사가 우리의 생각보다 훨씬 더 늦을 수 있다는 사실을 잊어선 안 됩니다. 특히 우리의 배우자, 가족 전도에 있어서 더욱더 그렇습니다. 우리는 우리의 생각보다 성령께서 부르실 때가 늦을 수 있음을 기억하고 더 인내하며 더 참을 수 있어야 합니다.

* 꼭 생각해보기

1. 오늘날 현대 교회는 "전도 축제" 같은 방법을 동원해서,

   특정 기간에 전도에 성공하려고 합니다.

   우리가 이를 "유효한 부르심"과 관련해서 장단점을 생각해봅시다.

2. 내적 부르심은 결국 성령께서 외적 부르심으로

   들은 말씀을 믿도록 해주시는 겁니다.

   이런 점을 고려하면, 우리는 이웃에게 말씀을 어떻게 전해야 할까요?

   (자유롭게 말해봅시다.)

* 꼭 기억할 요점

1. 중생은 영적 다시 태어남(거듭남)을 의미한다.

중생은 영적 다시 태어남, 곧 거듭남을 의미합니다. 하나님께서 예정하신 자를 정하신 때에 부르시면, 성령의 역사로 거듭나게 되는 것이지요. 물론 이 거듭남은 영적이기 때문에 몸(육신)의 재구성이나 재발생으로 생각해선 안 됩니다. 중생은 어디까지 영적이라는 사실을 잘 기억할 필요가 있어요.

2. 중생의 영적 유익은 거룩한 성향의 발생이다.

중생이 영적인 다시 태어남이지만, 영적으로 죄 없이 다시 태어나는 건 아닙니다. 중생의 결과로 얻게 되는 유익은 거룩한 성향의 발생입니다. 다시 말해, 중생 이전에는 하나님을 싫어하고 멀리하는 삶을 살아왔지만, 중생

이후로는 하나님을 가까이하고, 사랑하는 성향이 발생한 겁니다. 물론 이 성향은 불완전하지요. 그러나 중생을 통해 이 성향이 생겨났을 뿐 아니라, 성령께서 날마다 이 성향을 더 완전하게 만들어가는 것이 신자의 삶이라고 말할 수 있습니다.

3. 신자는 중생으로 '죄를 안 지을 수 있는 상태'가 된다.

이는 앞선 2번의 반복이라고 말할 수 있습니다. 전통적으로 인간을 네 가지 상태로 구분합니다.

1) 죄를 지을 수 있는 상태 (posse peccare)

2) 죄를 지을 수밖에 없는 상태 (non posse non peccare)

3) 죄를 짓지 않을 수 있는 상태 (posse non peccare)

4) 죄를 지을 수 없는 상태 (non posse peccare)

여기서 1)은 태초에 아담의 상태, 2)는 타락 후 인간의 상태입니다. 하지만 부르심을 받고 중생하면, 3)이 되고, 장차 천국에 가면, 4)가 된다고 보는 것이지요. 따라서 이런 구분에 근거할 때, 3)은 중생을 통해 시작됩니다.

* 초자연적 중생 vs 윤리적 중생

개혁신학뿐 아니라 정통적으로 중생은 성령에 의한 초자연적 변화 혹은 재창조로 이해합니다. 왜냐하면 성경이 중생을 영적 거듭남으로 너무 명백히 말하기 때문이에요. 하지만 현대 신학자들은 중생을 단순히 도덕적 변화 정도로 인식하는 경향이 있습니다. 즉, 예수님을 믿고 교회의 성도로 살면서 남들보다 착하게 살아야 한다는 의무감에서 비롯되는 변화로 말이에요. 우리는 이런 이해를 주의할 필요가 있고, 중생의 신비를 잘 인식할 필요가 있습니다.

* 꼭 생각해보기

1. 오늘 배운 "중생"에 대해 아는 대로 이야기해 봅시다.

2. "인간의 4중 상태"에 대해 기억이 나시나요? 이에 대해서도 한번 말해봅시다.

3. 우리는 "중생자"이지만, 불신자들은 "비-중생자"입니다.

   우리는 거듭났지만, 그들은 아직 거듭나지 못했죠.

   그러면 세상 속에서 누가, 누구를 인도하는 게 맞을까요?

   이에 대해 실제로 우리가 어떻게 해야 할지도 함께 나누어봅시다.

슬기로운 신앙생활 (23)
"칭의란 무엇인가요?"

* 꼭 기억할 요점

1. 칭의는 상태가 아니라 신분의 변화이다.

우리말로 번역된 이 칭의는 말 그대로 "의롭다고 칭하다."입니다. 칭의는 상태의 변화가 아니라 신분의 변화예요. 그래서 자칫 우리가 의로운 상태가 되는 것으로 오해하지만 칭의는 전혀 이런 뜻이 아니에요. 칭의는 마치 더러운 몸에 깨끗한 옷을 입는 것과 같습니다. 우리 안에는 여전히 죄악이 있고 타락한 본성이 있지만, 하나님께서는 그리스도 안에서 우리를 의롭다고 불러주시는 거예요.

2. 칭의는 그리스도 안에서 법정적 판결이다.

칭의는 법정적 판결, 곧 법원에서의 판결과 같습니다. 판사이신 하나님 앞에 죄인인 우리가 섰을 때 예수님 때문에 우리를 의인이라고 판결해주시는 거예요. 이런 이해는 성경에서 바울이 사용한 단어에 근거합니다.[48] 실제로 루터와 같은 종교개혁가들은 이런 의미를 깨닫고 로마 가톨릭(천주교회)의 잘못된 칭의론을 비판하게 되었던 거예요.

3. 칭의는 오직 믿음으로만 된다.

한 단어로 "이신칭의"라고 부릅니다. 종교개혁의 핵심 구호로 불리기도 하지요. 많은 학자가 "교회가 서고 넘어지는 교리"라고 부르기도 합니다. 이렇게까지 이 교리가 중요하게 여겨지는 이유는 종교개혁 당시에 인간의 행위를 통한 구원을 반대하며 종교개혁가들이 주장한 것이 바로 "이신칭의"이기 때문입니다. 즉, 칭의는 오직 믿음으로만 이루어진다는 거예요. 그리고 이 믿음도 하나님께서 주신 선물이기 때문에 구원은 오직 하나님의 은혜, 곧 선물이 되는 겁니다. 이것이 개혁주의 구원론의 핵심입니다.[49]

---

48) "디카이오오"라는 단어와 관련이 있고, 이는 "생명의 조건으로 율법의 요구가 완전히 충족되었다고 법적으로 선언하다."라는 뜻을 가집니다. 벌코프, 『조직신학(합본)』, 763.
49) 벨직 신앙고백서는 이신칭의를 다음과 같이 분명하게 말해줍니다. "믿음으로 예수 그리스도를 소유하는 사람들은 그의 구원을 완전하게 얻는다는 결론에 이르게 된다."

* 더 기억할 위험한 견해들

1. 천주교회의 구원론

천주교회에서 믿음은 그리스도뿐 아니라 성례적 믿음, 곧 성례의 효력에 대한 믿음이 있습니다. 이것은 성례를 통한 "의의 주입"과 깊은 관련이 있죠.[50] 또한 죄에 대한 형벌은 선행으로 처리해야 합니다. 물론 더 여러 가지가 있지만, 간단히 말해서 그들에게 의는 성사(성례)를 꾸준히 받으면서 계속 얻어야 하고, 또 형벌은 선행을 꾸준히 해서 조금씩 줄여가야 합니다. 그래서 결론적으로 이들의 구원론은 **〈성사 + 선행〉**으로 얻어가는 행위 구원과 다를 바가 없는 겁니다.

2. 유보적 칭의 (바울의 새 관점)

한동안 바울의 새 관점을 주장하는 일부 학자들이 주장한 견해입니다(톰 라이트Tom Wright, 제임스 던James Dunn 등). 간단히 말해서, 예수님을 믿음으로 칭의를 받지만, 이 칭의가 유보되어서 마지막에 하나님 앞에서 최종적인 검증을 받아야 한다는 견해입니다. 따라서 이에 따르면, 우리가 믿음으로 얻는 첫 칭의는 완전한 칭의로 볼 수 없게 되지요. 결국, 행위로 얻는 구원이 됩니다.

---

50) 웨스트민스터 신앙고백서는 11장 1절에서 이러한 의의 주입을 분명하게 거부합니다. "하나님께서 유효하게 부르신 사람들을 그가 또한 값없이 의롭게 하시는데, 이는 그들에게 의를 주입함으로서가 아니라, 그들의 죄를 용서하고 그들의 인격을 의롭게 여겨 받아줌으로서이다."

3. 순종적 믿음으로서 칭의 (페더럴 비전)

페더럴 비전Federal Vision은 원래 개혁교회에 속했으나, 지금은 노만 쉐퍼드 Norman Shephard를 필두로 분리되어 나온 그룹입니다. 사실 이들의 지난날 성경신학적 작업은 북미 개혁교회에 많은 영향을 주었고, 또 긍정적인 영향이 있었음을 부인할 수 없습니다. 하지만 조직신학적(교리적) 주제들에 있어서 정통적 이해를 허무는 주장을 펼치기 때문에 이들이 경계 대상인 건 분명하죠.

칭의와 관련된 예로, 이들은 믿음이 곧 순종이라고 주장합니다. 더 자세히 말하면, 성경적으로 믿음이란 복잡한 개념이고, 믿음 안에서 순종이 포함된다는 것이지요. 그래서 "믿음으로만 구원을 얻는다."가 이들에게는 "순종, 곧 행위로 구원을 얻는다."와 같은 뜻이 됩니다. 즉, 행위 구원을 주장하죠. 그래서 이들의 주장도 위험합니다.

* 꼭 생각해보기

1. 우리가 "믿음으로만 의롭다함을 얻는다."(이신칭의)고 주장하기 때문에,
   사람들이 선행을 중요하게 여기지 않는다고 비판을 받습니다.
   우리는 이런 비판에 대해 뭐라고 답해야 할까요?

2. 위험한 견해들을 보면, 공통점이 있음을 확인할 수 있습니다.
   그 공통점이 무엇일까요? 그리고 "바울의 새 관점"이나 "페더럴 비전"과 같은
   견해들이 왜 새롭게 등장하는 걸까요? 이에 대해 자유롭게 나눠봅시다.

"성화란 무엇인가요?"

* 꼭 기억할 요점

1. 성화는 상태의 변화이다.

칭의가 신분이라면 성화는 상태의 변화입니다.[51] 우리는 칭의를 통해 하나님의 심판대 앞에서 완전히 의롭다는 판결을 받을 수 있는 의인의 신분을 얻습니다. 하지만 우리의 상태는 여전히 더럽습니다. 따라서 하나님께서는 성령을 통해 우리의 상태도 의롭게 변화해 주시는 거예요. 이를 성화라고 부릅니다.

2. 성화는 차근차근 일평생 이루어진다.

칭의는 믿음으로 단번에 **의인의 신분을 획득**하는 겁니다. 하지만 성화는 일평생 "차근차근" 우리의 상태를 변화해 가는 거예요. 물론 어떤 분들은 성

---

51) 벌코프(Berkhof)는 칭의와 성화의 차이점을 다음과 같이 설명합니다. "칭의는 죄책을 제거하고, 영원한 기업을 포함해서 하나님의 자녀로서의 신분에 내포된 모든 권리를 죄인에게 회복시킨다. 성화는 죄의 부패를 제거하며, 죄인을 하나님의 형상으로 점진적으로 새롭게 한다." 벌코프, 『조직신학(합본)』, 765-766.

화가 급격하게 이루어지기도 합니다. 우리가 "와! 저 사람은 완전히 달라졌어!"라고 감탄할 정도로 말이에요.

하지만 모든 사람이 이렇게 급격하게 이루어지지는 않아요. 어떤 분들은 아주 더디기도 하죠. 또 어떤 분들은 오히려 악화하기도 해요. 그러나 성화는 어쨌든 성령께서 일평생 우리 안에서 이루시는 작업입니다. 따라서 신자는 이 성화를 통해 결국은 거룩한 삶으로 차근차근 나아가게 되는 거예요.

3. 성화는 이 세상에서 완성될 수 없다.

성화가 100% 완성되면 우리는 어떤 상태가 될까요?

당연히 (인간의 4중 상태 중) "죄를 지을 수 없는 상태"가 되겠지요. 하지만 아쉽게도 성화는 이 세상에서 그렇게 완성되지 않습니다. 우리는 아무리 일평생 성화를 위해 애써도 결국 어떤 식으로든 하나님 앞에서 죄를 짓고 말아요. 또 어떤 이들은 일평생 신앙생활을 했는데도 "저 사람은 성화가 되긴 한 건가?" 싶을 정도로 아주 변화가 미미하기도 하지요.[52]

이처럼 성화는 이 땅에서 완전하지 못해요. 하지만 이 사실 때문에 실망해선 안 됩니다. 우리의 성화는 지상에서 불완전하기에 우리는 일평생 주님만을 의지하고 주님 앞에 겸손히 살아갈 수 있는 겁니다.

---

52) 웨스트민스터 신앙고백서는 이 땅에서 성화의 불완전성을 다음과 같이 고백합니다. "이 성화는 전인격적으로 이루어지나 이 세상에서는 완전히 이루어지지 않는다. 사람의 모든 부분에 아직도 부패의 잔재가 남아있다. 그것으로부터 계속적이며 화해할 수 없는 싸움이 일어나서 육신의 소욕은 성령을 대항하고, 성령은 육신에 대항하신다."(13. 2)

4. 성화는 죽음 이후에 부활로 완성된다.

우리의 성화는 영원토록 미완성 상태가 아닙니다. 반드시 성화는 완성됩니다. 먼저 우리의 영혼은 죽음 이후 하늘나라(천국)에서 완성되죠. 그리고 몸은 예수님이 재림하셔서 몸의 부활이 있을 때, 완성되는 거예요. 따라서 우리는 지금 성화의 과정이 이 땅에서 완성될 수 없다는 생각으로 좌절해서도 안 되고 또 이미 완성됐다는 착각으로 교만해져서도 안 됩니다.

우리의 성화는 결국 영원한 천국에서, 그리고 주님의 재림으로 완성되는 거예요. 우리는 이런 완성이 있음을 기억하고 이 세상에서 성화에 더욱 애쓰면서도 겸손히 주님의 재림을 기다리고 소망해야 하는 겁니다.

* 꼭 생각해보기

1. 성화는 성령께서 주도적으로 이루시는 사역입니다.

   하지만 세상에서 예수님을 믿지 않고, 성령이 없는 사람인데도

   의외로 그리스도인들보다 더 선한 삶을 사는 모습을 종종 보게 되죠.

   그들도 성화가 되어가는 걸까요?

   우리는 그들의 선행을 어떻게 이해해야 할까요?

2. 우리 주위에 그리스도인이지만,

   중독이나 유혹 등으로 힘겨워하는 성도들을 보게 됩니다.

   사실 우리 자신도 이런 어려움을 겪을 때가 있죠.

   우리는 성화와 관련하여 이런 분들에게 뭐라고 조언해야 할까요?

"견인이란 무엇인가요?"

* 꼭 기억할 요점

1. 구원의 서정(Order of Salvation)은 역행하지 않는다.

중간 점검으로 "구원의 서정"(구원의 논리적 순서)을 정리하면

지금까지 다룬 내용은

〈부르심 - 중생 - (회심) - 칭의 - (양자 됨) - 성화〉입니다.

우리가 지금까지 순서대로 살펴보았지요. 그런데 우리에게 질문이 생길 수 있어요. 무엇이냐면 이 순서가 "뒤로 갈 수 있는가"의 여부입니다. 이를테면 우리가 성화의 과정에 있는데, 양자 됨이나 칭의, 중생이 취소돼서, 다시 부르심부터 출발할 수도 있는가입니다. 그러나 우리가 분명하게 기억할 점은 절대 구원의 서정은 뒤로 가지도 않고, 취소되지도 않습니다. 한번 받은 부르심, 중생, 칭의, 양자 됨은 영원하며 성화도 물론 순간적으로 악화할 수

있지만 결국은 차근차근 앞으로 나아가게 되어 있습니다. 그러므로 구원의 서정은 반드시 순행하고 역행은 없는 거예요.

2. 견인(Perseverance)은 인내이다.

견인(Perseverance)이라는 단어는 말 그대로 인내를 뜻합니다. 사실 구원의 서정이 역행하지 않는 이유가 바로 성도의 **인내**(견인) 때문이지요. 물론 이 인내는 자기 자신의 의지와 끈기를 뜻하지 않아요. 이것은 사실 성령의 능력으로 이루어지죠. 그래서 **성령의 인내**라고 말해도 과언이 아닙니다.

물론 성도는 때때로 하나님을 잘 믿다가 신앙생활을 중도에 포기하는 경우를 볼 수 있습니다. 심지어 때로는 수년간 교회를 떠나기도 하지요. 하지만 참 신자는 반드시 돌아오게 되고 또 반드시 신앙을 회복하게 됩니다.[53] 왜냐하면, 성령께서 포기하지 않으시고, 끝까지 그 신자의 마음을 붙잡아주시며, 결국에는 회복해주시기 때문입니다. 성령께서 인내하시기에 신자도 인내의 열매를 맺는 겁니다.

3. 견인의 근거는 하나님의 예정이다.

성도의 견인을 자연스럽게 이해하려면 하나님의 예정을 생각하면 됩니다. 이미 "오직 은혜"에서 언급한 바가 있지만, 우리의 구원은 사람이 이루는

---

53) 웨스트민스터 신앙고백서는 견인에 있어서 "일시적 타락"을 다음과 같이 말합니다. "그러나, 그들은 사탄과 세상의 시험, 그들 안에 남아있는 강한 부패성, 그들을 보존하는 방편들을 게을리함으로 말미암아 무서운 죄에 빠져서 한동안 죄 가운데에 머물기도 한다."(17.3)

게 아닙니다. 결국 하나님께서 전적으로 이루시는 것이지요. 따라서 하나님께서 구원하기로 택하신 신자는 반드시 최종적인 구원에 도달하게 됩니다. 설령 중간에 어떤 역경이나 환난, 시험을 만난다고 해도 말이에요.

하나님께서 구원하기로 택하셨기에 택함을 받은 신자는 반드시 **최종적인 견인**(인내)을 할 수밖에 없습니다. 이처럼 우리는 구원을 하나님 중심으로 생각할 때, 견인을 올바로 이해할 수 있는 거예요.[54]

* 더 암송하면 좋은 "웨스트민스터 소요리문답"

36문:

이생에서 칭의와 양자 됨과 성화에서 함께 받는 유익과
여기서 나오는 유익이 무엇인가?

답:

이생에서 칭의와 양자 됨과 성화에서 함께 받는 유익과
여기서 나오는 유익은 하나님의 사랑을 확실히 아는 것과
양심의 화평한 것과 성령 안에서 얻는 기쁨과 은혜의 증가함과
끝까지 굳게 참는 것이다.

---

54) 역시 웨스트민스터 신앙고백서는 "견인의 근거로서 예정"을 다음과 같이 말합니다. "이 성도들의 궁극적인 구원은 그 자신의 자유의지에 의한 것이 아니라, 하나님 아버지의 값없이 주시고 변치 않는 사랑에서 흘러나오는 예정의 불변성에 의한 것이다."(17. 2)

1. 우리 주위에는 신자였지만, 교회를 떠나고 결국 돌아오지 못하는 사람을
   보게 됩니다. 그런 사람들은 "견인"에 실패한 걸까요?
   우리는 어떻게 설명해야 할까요?

2. 성도의 "견인"을 견인차로 설명하는 이들이 있습니다.
   이런 설명은 무엇이 잘못됐고, 우리는 어떻게 설명해야 할까요?
   자유롭게 말해봅시다.

"교회란 무엇인가요?"

(※ 본 장부터 다룰 주제는 교회론입니다.

교회론에서는 교회의 정의뿐 아니라, 표지, 권위, 성례,

그리고 은혜의 방편들까지 방대한 내용을 다룹니다.

우리가 이를 함께 살펴보며, 하나님께서 기뻐하시는 교회가 무엇인지를

함께 생각해봅시다.)

* 꼭 기억할 요점

1. 교회는 그리스도 안에 있는 신자의 모임이다.

오늘날 교회를 건물로 이해하는 경우가 아주 많습니다. 특히 교회 건물

을 성전이라고 부르는 경우도 허다하지요. 물론 구약시대에는 성전이 회막

이나 건물이었어요. 하지만 신약 시대부터는 다릅니다. 이제 교회는 **그리스

도 안에 있는 신자의 모임**이에요.[55]

---

55) 벨직 신앙고백서는 제27장에서 다음과 같이 고백합니다. "교회는 예수 그리스도의 피로 죄용서함
   을 받고 성령으로 성화되고 인쳐졌으며 그리스도 안에서 완전한 구원을 기다리는 참된 기독교 성도
   들로 이루어진 거룩한 회중이다."

2. 근거 구절: 여러 교회가 믿음이 더 굳건해지고 (행16:5)

사도행전은 당시 "여러 교회가 믿음이 더 굳건해지고, 수가 날마다 늘어가니라"(행16:5)라고 설명합니다. 여기서 잘 보면 교회가 믿음을 가진 것처럼 말하고 있지요. 만일 교회가 건물이라면 건물이 믿음을 가졌다는 뜻이 되는데, 말이 안 되죠. 성경은 분명 교회를 사람으로 이해하고 있습니다. 성경에 사용된 교회를 뜻하는 단어 **에클레시아도 불러 모으다**라는 뜻이에요. 따라서 신약 성경이 말하는 교회는 건물이 아닌 "하나님께서 불러 모으신 신자의 공동체(모임)"가 분명합니다.

3. 근거 구절: 너희 몸은 성령의 전인 줄을 알지 못하느냐 (고전6:19)

우리는 사도 바울이 고린도 교회의 성도에게 "너희 몸이 성령의 전"이라고 가르치고 있음을 보게 되지요. 이 구절에 근거할 때도 신약의 성전은 건물이 아닌 성도라는 사실을 알 수 있습니다.

오늘날에도 여전히 건물을 신성화하는 이해는 자칫 우상 숭배가 될 수 있음을 기억해야 합니다. 천주교회가 여전히 성당이라고 부르며 건물을 신성하게 여기는 것은 아주 위험한 태도이지요. 우리는 건물을 거룩하게 여기고 건물을 신성하게 여기기보다 도리어 성도가 성전이기 때문에 우리 자신이 거룩한 삶을 살아갈 수 있도록 힘써야 합니다.

* 더 암송하면 좋은 '웨스트민스터 대요리문답'

62문: 유형교회란 무엇인가?

답: 유형교회라는 것은 참 종교를 고백하는 세계의 모든 시대와

　　장소에 있는 모든 사람과 그들의 자녀로 구성된 한 공동체이다.

* 꼭 생각해보기

1. 우리는 혹시 "성전", "교회"에 대한 용어를 잘못 사용하고 있지는 않았나요?

　　한번 스스로 점검해봅시다.

2. 요한복음은 예수님의 몸(육체)이 성전이라고 설명합니다(요2:21).

　　이는 오늘의 내용과 어떻게 연결될까요?

　　신약 성경의 여러 구절과 연결해서 생각해봅시다(엡2:20-22 참조).

"교회의 속성은 무엇인가요?"

* 꼭 기억할 요점

1. 교회의 속성에는 통일성(unity)이 있습니다.

성경에서 교회의 머리는 예수님입니다. 따라서 교회는 예수님 안에서 한 몸을 이루지요. 교회들은 겉보기에 다 다른 지역에 있고 인종, 민족, 혈통도 다르지만, 우리는 같은 예수님을 믿고 고백하기 때문에 교회는 하나라는 사실을 기억할 필요가 있습니다. 교회는 이렇게 그 속성에 있어서 통일성을 가지고 있어요. [56]

2. 교회의 속성에는 거룩성(holiness)이 있습니다.

거룩은 구별이라는 뜻이 있어요. 교회는 하나님 말씀에 순종하기 때문에 세상과 다른 삶을 살 수밖에 없습니다. 그래서 교회는 세상과 이렇게 구별된 모습을 가질 수밖에 없기 때문에 우리가 거룩성을 말하는 거예요. 교

---

56) 벨직 신앙고백서는 27장에서 다음과 같이 말합니다. "교회는 온 세상에 전파되고 퍼져서 존재하지만, 한 성령 안에서 신앙의 능력으로 한마음과 뜻으로 연합되고 연결된다."

회는 원래 세상과 구별된 거룩함을 지니고 있어야 합니다. 이걸 꼭 기억해요![57]

3. 교회의 속성에는 사도성(apostolicity)이 있습니다.

교회의 사도성은 쉽게 말해서 '사도들의 가르침을 잘 이어받는 교회'가 되어야 함을 뜻합니다. 교회는 그냥 성도들이 원하는 대로 세우는 게 아니에요. 또 설교도 아무 말이나 전하는 게 아닙니다. 교회는 신약 성경에 기록된 사도들의 가르침을 가지고 그 가르침에 맞게 설교해야 하고, 직분이나 성도의 교제도 이루어져야 하는 겁니다.

다시 말해 신약의 교회는 사도들이 먼저 세웠기 때문에 그들의 가르침, 곧 신약 성경의 말씀으로 잘 세워야 하는 겁니다. 교회는 이런 사도들의 터(엡2:20) 위에 세움을 받은 사도성이 있다는 걸 기억할 필요가 있어요.[58]

4. 교회의 속성에는 보편성(catholicity)이 있습니다.

교회의 보편성은 **우주성**(universality) 혹은 **우주적 교회**(universal church)라고 부르기도 합니다. 교회는 시공간을 초월하는 광범위한 특성이 있는 거예요.

---

57) 벨직 신앙고백서는 역시 거룩성을 다음과 같이 말합니다. "하나님께서 온 세상의 박해로부터 비록 한 때 교회가 매우 작아 보이고 사람의 눈에 사라질 것 같이 보여도 이 거룩한 교회를 보존하신다."
58) 물론 개혁교회가 말하는 "사도성"은 천주교회의 "사도적 계보를 계승한 주교"를 뜻하지 않고, 재세례파나 오늘날 신사도 운동이 말하는 "사도적 은사"를 뜻하지도 않습니다. 호튼(Horton)의 말처럼, 루터파와 개혁파 전통에 있어서 사도성은 교회의 말과 행동의 규범이 되는 그리스도의 사도적 설교와 동일시됩니다. 즉, 교회가 사도적인 이유는 그리스도께서 공생애 때 임명하신 유일무이한 사도들에게서 들은 바를 후대에 전해 주기 때문이지요. 이에 자세한 내용은 호튼, 『(언약적 관점에서 본) 개혁주의 조직신학』, 873-890을 참고하시기 바랍니다.

앞선 통일성에서도 말했지만, 교회는 머리이신 예수님 안에서 모든 성도가 하나의 교회를 이루는 겁니다. 그래서 이 땅에는 여러 교회가 있어도 언제나 보편성을 근거로 교회 간에 차별이 있어선 안 되는 겁니다.[59]

* 꼭 생각해보기

1. 오늘날 교회 이름을 좀 유별나게 짓는 경우가 있는데, 이렇게 지을 경우
   교회의 속성 중 "어느 하나"와 문제가 생길 수 있습니다. 무엇일까요?

2. 종교개혁이 중세 천주교회로부터 벗어난 "교회 분리"로,
   교회의 통일성을 해친 운동이라고 비판하는 자들이 있습니다.
   우리가 이를 어떻게 설명해야 할까요? (힌트: 천주교회는 참 교회인가?)

3. 오늘날 성도들 사이에, 혹은 교회들 사이에,
   진리의 문제로 서로 논쟁하는 경우가 있습니다.
   우리는 이런 논쟁을 어떤 방향으로 하는 게 성경적인 걸까요?
   교회의 네 가지 속성을 모두 고려해서 생각해봅시다.

---

59) 웨스트민스터 신앙고백서가 이러한 교회의 보편성을 다음과 같이 잘 말해줍니다. "공동 즉 보편적인 교회는 무형적이다. 이 교회는 과거, 현재, 미래에 교회의 머리이신 그리스도 아래 하나로 모여지는 피택자들의 총수로 구성된다. 이 교회는 만물 안에서 만물을 충만케 하시는 자의 신부요, 몸이요, 충만이다."(25. 1)

"은혜의 방편이 무엇인가요?"

* 꼭 기억할 요점

1. 방편(Means)은 통로라는 뜻이다.

방편은 쉽게 통로라고 생각하면 됩니다. 하나님께서 우리에게 은혜를 주실 때 통로의 역할을 하는 무언가가 있다는 거예요. 물론 우리가 이런 통로를 사용하지 않아도 우리에게 주어진 만물이 하나님의 은혜입니다(4강 '오직 은혜'를 참고하세요). 하지만 성경은 우리에게 은혜의 방편을 잘 사용해서 은혜를 잘 받으라고 가르치고 있습니다. 그래서 우리는 이 은혜의 방편이 무엇인지를 잘 배우고, 이 방편을 잘 활용해야 하는 거예요.

2. 은혜의 방편에는 말씀, 성례, 기도가 있다.

역사 속에서 교회는 은혜의 방편으로 말씀, 성례, 기도를 말해왔습니다.

물론 이것은 통상적인 방편이고, 하나님께서 반드시 이 방편들을 통해서만 은혜를 주시는 건 아니지요. 하지만 우리가 성경이 말하는 이런 방편을 무시한 채, 마치 다른 방편이 있는 것처럼 말하는 건 더욱 옳지 못한 일이죠. 성경이 가르치는 통상적인 방편, 곧 말씀, 성례, 기도가 있음을 기억하고, 이를 잘 활용하여 주의 은혜를 잘 받는 자들이 되어야 합니다.

3. 은혜의 방편으로 얻는 중요한 은혜는 특별 은혜이다.

오늘날 많은 분이 기도를 **세상 복**의 통로로만 생각합니다. 물론 기도는 은혜의 방편(통로)이고, 하나님이 주신 은혜는 일반 은혜들도 있겠죠. 하지만 우리는 구원의 은혜, 곧 특별 은혜가 더 귀하고, 중요하다는 사실을 너무 쉽게 놓치게 됩니다. 우리는 말씀, 성례, 기도를 통해, 성화와 견인의 은혜를 잘 공급받고, 더 주님을 닮아가는 삶으로 나아가야 합니다. 단순히 나의 살림살이가 나아지기보다 주님을 닮는 삶이 되도록 은혜의 방편을 활용해야 하는 거예요.

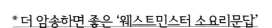

* 더 암송하면 좋은 '웨스트민스터 소요리문답'

88문: 그리스도께서 우리에게 구원의 유익을 전하시려고 나타내시는

통상 방편이 무엇인가요?

답: 그리스도께서 우리에게 구원의 유익을 전하시려고 나타내시는

통상 방편은 그의 규례인데 특별히 하나님의 말씀과 성례와 기도이다.

이것이 모두 그 택하신 자에게 효력이 되어 구원을 얻게 한다.

* 꼭 생각해보기

1. 말씀, 성례, 기도 중에는 가장 중요한 은혜의 방편이 있습니다.

그것이 무엇일까요? 실제로 우리는 그것을 귀하게 여기고,

그것을 잘 활용해서 은혜를 받고 있을까요? 함께 나눠봅시다.

2. 은혜의 방편이 말씀, 성례, 기도이지만,

오늘날 교회들은 이 방편을 '편식'하는 경향이 있습니다.

무엇을 많이 편식하는 거 같나요?

그리고 균형 있는 은혜의 방편의 활용은 무엇일까요?

"교회의 권위란 무엇인가요?"

* 꼭 기억할 요점

1. 교회는 수직이면서도 수평의 관계를 말한다.

오늘날 사람들은 권위라는 말 자체를 싫어하지요. 아마 이런 현상은 권위에 대한 유교적인 이해로 수직적 권위의 반감에서 비롯됐다고 볼 수 있어요. 그래서 요즘 현대인은 인간관계에서 수직적 관계를 맹렬히 비판하고, 오로지 수평적 관계만을 추구합니다.

하지만 교회의 권위 이해는 오직 수직적인 관계, 혹은 수평적 관계만을 말하지 않습니다. 교회는 "수직적이면서도 동시에 수평적 관계"를 말하지요. 교회의 권위는 아주 균형 잡힌 관계를 말한다고 볼 수 있습니다.[60]

---

60) 판 이테르존(Van Itterzon)의 다음과 같은 개혁교회의 직분에 대한 요약은 아주 적절합니다. "(1) 그 누구도 지금까지 결코 자기 스스로 어떤 직분을 취할 수 없다. (2) 어떤 이는 직분에 임명되고 그 것과 더불어 특정한 임무를 받는다. (3) 직분은 섬기는 역할을 분명히 나타내야만 한다. 따라서 다른 사람들 위에 군림하려는 개념은 완전히 부적절한 것이다. (4) 직분은 교회를 섬기는 일과 관련해서 특정한 권위를 지닌다." J. 판 헨더렌, W. H. 펠레마, 『개혁교회 교의학』, 신지철 역 (서울: 새물결플러스, 2019), 1187.

2. 권위의 원천은 오직 그리스도에게 있고, 모든 성도는 동등하다.

일단 교회의 권위를 이해하려면 권위의 원천을 알아야 합니다. 교회의 권위는 유일한 권위자이신 예수님으로부터 출발하는 거예요.[61] 예수님이 가장 높은 권위자이시며, 유일한 권위의 원천이 되십니다. 그래서 모든 성도는 예수님 앞에서 다 동등한 거예요. 심지어 직분자라 할지라도 권위의 원천이신 그리스도 앞에서는 다른 성도와 마찬가지라는 겁니다. 우리는 이러한 권위의 원천이신 그리스도, 또 모든 성도의 동등성을 기억할 필요가 있어요.

3. 직분자(목사, 장로, 집사)는 그리스도의 종(servant)으로서의 권위가 있다.

앞서 보았듯이 모든 성도는 그리스도 앞에서 동등하고, 그리스도의 다스림을 받아야 합니다. 하지만 유일한 왕이신 그리스도께서 지금 승천해 계시죠. 그래서 예수님은 교회에 직분자를 부르시고 그들을 통해 말씀(성경)으로 교회를 다스리십니다. 그래서 직분자는 그리스도의 다스림을 교회에 구현하는 종으로서의 권위가 있는 겁니다.

직분자는 자기 자신을 위하거나 자기 생각대로 하려고 권위를 행사하지 않습니다. 직분자는 오직 그리스도의 종으로서 그리스도께서 맡기신 일에 대해서만 권위를 가지고, 그리스도의 영광을 위해서 섬겨야 합니다. 다시 말하지만, 직분자는 그리스도의 종으로서의 권위를 갖습니다.[62]

---

61) 벌코프(Berkhof)는 장로교회 제도의 근본 원리의 첫째가 "그리스도는 교회의 머리이며, 모든 교회의 권위의 원천이다"라고 말합니다. 벌코프, 『조직신학(합본)』, 840.
62) 이러한 "종으로서의 권위"를 벨직 신앙고백서는 29장에서 다음과 같이 잘 고백합니다. "말씀을 맡

* <u>꼭 생각해보기</u>

1. 이런 교회의 권위에 대한 이해는 세상에서도 그대로 적용해볼 수 있습니다.

   부모님, 대통령, 사장님의 권위에 대해 어떤 생각을 가져야 할까요?

   이에 대해 자유롭게 나눠봅시다.

2. 로마 가톨릭(천주교회)과 개신교회(장로교회)가 말하는 직분의 "권위"에는

   엄청난 차이가 있습니다. 그게 무엇일까요? 함께 나누어봅시다.

은 목사에 관하여 그들 각자의 사역이 어디이든지 상관없이 모든 목사는 동일한 권위와 권한을 가진다. 그 이유는 그들 모두가 유일하고 보편적인 주교이시며 교회의 유일한 머리이신 예수 그리스도의 종이기 때문이다."

* 꼭 기억할 요점

1. 교회의 표지는 참/거짓 교회를 구분하게 해준다.

요즘 현대인들은 다양한 스마트폰을 사용합니다. 사실 겉보기에는 잘 구분이 안 되지만, 우리가 "마크"(mark)를 보면 어디 회사의 물건인지를 쉽게 알 수 있죠. 즉, 그 제품을 분별하게 해줍니다. 이처럼 교회의 표지은 참 교회와 거짓 교회를 분별하게 해주는 기능을 합니다. 어떤 교회든지, 교회의 표지를 유심히 잘 살펴보고, 이 표지가 잘 시행되는가를 확인하면, 참/거짓의 여부를 알 수 있는 겁니다. 따라서 우리는 교회의 표지가 무엇인지 잘 배워두어야 합니다.

2. 교회의 표지에는 말씀, 성례, 권징이 있다.

종교개혁 이후로 신앙의 선배들은 교회의 표지로 '말씀, 성례, 권징'을 말했습니다. 참된 설교(말씀)가 선포되고, 성찬과 세례가 잘 시행되며 또 말씀과 성례가 잘 시행되도록 돕는 권징이 있는 교회를 참 교회로 인정해왔던 것이죠.[63] 그래서 신앙의 선배들은 이 세 가지가 잘 되고 있을 때 다른 문제가 있어도 교회를 떠나지 말고 지킬 것을 권고합니다. 왜냐하면 어려움이 있어도 참 교회이기 때문이지요. 우리는 이 세 가지의 중요성을 가슴에 새겨야 합니다.

3. 교회의 표지가 잘 시행되는 교회에는 주님이 영원토록 함께하신다.

우리가 잘 아는 "지상 대 명령"(마28:19-20)은 교회의 표지와 밀접한 관련이 있습니다. 여기서 문법상 주동사는 "제자 삼으라"이고, 분사는 "가르치는 것", "세례를 베푸는 것", 부정사는 "지키게 하는 것"입니다. 예수님의 이 명령은 제자 삼는 방법으로 가르치는 '말씀', '세례를 주는 성례', '지키게 하는 권징'입니다.

간단히 말하면, 교회의 표지, 곧 말씀, 성례, 권징이지요. 우리 주님은 이러한 교회의 표지가 잘 시행될 때, 영원토록 함께하시겠다고 약속하시는 겁니다.

---

63) 벨직 신앙고백서가 29장 "참된 교회의 표지"에서 다음과 같이 명쾌하게 정의합니다. "참된 교회는 다음과 같은 표식에 의하여 구별된다: 교회는 복음을 온전하게 설교한다. 교회는 그리스도께서 제정하신대로 온전하게 성례를 집행한다. 교회는 잘못을 바로잡기 위하여 권징을 시행한다... 이러한 표지들에 의하여 우리는 참된 교회에 대한 확신을 가지며 아무도 그 참된 교회로부터 분리되지 말아야 한다."

* 꼭 생각해보기

1. 교회의 표지 세 가지와 각각이 무엇을 뜻하는지 말해봅시다.

2. 우리는 지금까지 교회를 선택할 때, 무엇을 중요하게 보았을까요?

   우리 자신을 돌아보고 교회의 표지에 대해 다시 생각해봅시다.

슬기로운 신앙생활 (31)
"성례란 무엇인가요?"

* 꼭 기억할 요점

1. 주께서 명하신 성례는 세례와 성찬이다.

성례라는 말은 거룩한 예식의 줄임말로 역사 속에 정통교회는 성경에 근거하여 오직 신약의 성례를 세례와 성찬으로 이해해 왔습니다. 물론 중세부터 천주교회는 지금까지 일곱 성례를 주장하지만, 이는 성경에 맞지 않습니다. 천주교회 역사가 성경 말씀으로 만든 게 아니라 자기들 생각대로 만들어낸 것이지요. 오직 성경에서 성례는 세례와 성찬뿐입니다. 우리는 이 사실을 잘 기억할 필요가 있습니다.[64]

2. 성례에 참여할 때는 반드시 의미를 잘 알아야 한다.

성례는 성경에서 주께서 명하신 만큼 아무렇게나 집례해선 안 됩니다. 또한 겉보기에 행동만 그럴듯하게 해서도 안 되고, 반드시 예식에 올바로 이해하고 참여해야 합니다. 사도 바울이 생각 없이 참여하는 것은 "자기 죄

---

64) 웨스트민스터 신앙고백서는 27장 4항에서 이를 단호하게 말합니다. "복음서에 우리 주 그리스도에 의해 제정된 오직 두 성례가 있으니, 즉 세례와 주의 만찬이다."

를 먹고 마시는 것"이라고 경고했음을 기억하세요! 즉, 성례는 말 그대로 거룩한 예식이기 때문에 말씀을 따라 그 의미를 깊이 이해하고 묵상하며 성심성의껏 참여해야 하는 거예요.

3. 성례는 교회의 표지인 동시에, 은혜의 방편이다.

우리가 앞서 보았지만, 성례는 말씀과 함께 은혜의 방편인 동시에 교회의 표지에 해당합니다. 성례가 올바로 시행되는 것은 참 교회의 증표가 될 뿐 아니라, 하나님의 참된 은혜를 받는 일과도 밀접한 관련이 있는 것이죠. 따라서 우리는 성례, 곧 성례와 성찬을 가볍게 생각하지 말고, 진지하게 관심을 가져야 할 필요가 있습니다. 마치 성례가 형식적인 예식처럼 그냥 참석만 하면 되는 정도로 생각하는 건 잘못된 거예요.

4. 성례는 보이는 말씀이다.

성례를 쉽게 설명하라고 하면, "보이는 말씀"이라고 말할 수 있어요.[65] 성경 말씀이 "듣는 말씀"이라면, 성례는 "보이는 말씀"이라는 거예요. 물론 "보이는 말씀"이라고 해서 "듣는 말씀"을 대체할 수 있는 건 아닙니다. 결국 성례도 성경에 기초를 두고 있지요. 하지만 성례는 듣는 말씀인 성경에 대한 믿음을 더 강하게 하고 확증시키는 방편이 됩니다. 물론 이는 우리 마음속에 계신 성령께서 하시는 일이지요.

---

65) 하이델베르크 요리문답은 66문에서 다음과 같이 문답합니다. "성례란 무엇입니까? 성례란 눈으로 볼 수 있는 거룩한 표시이며 보증입니다. 하나님께서 성례를 제정하셔서 그것을 행하는 우리들이 복음의 약속을 더욱 명확하게 이해하도록 하시고 자신의 약속을 확증하십니다."

<u>*** 꼭 생각해보기**</u>

1. 평소에 교회에서 성례(세례와 성찬)에 대해 어떻게 생각했나요?

   그리고 앞으로 성례에 대해 어떤 태도를 가져야 할지 함께 나누어봅시다.

2. 천주교회와 개신교회의 성례에는 어떤 차이가 있었나요?

   함께 나누어봅시다.

* 꼭 기억할 요점

1. 세례는 믿음의 결과로 받는 것이다.

천주교회는 세례를 '의로움'의 '주입'(infusing)으로 이해합니다. 마치 주사기로 풍선에 물을 넣듯이 말이에요. 그래서 그들은 예수님을 믿지 않아도 세례만 받으면, 의롭게 될 수 있다고 주장합니다. 천주교회는 "믿음이 없는 세례"를 인정하는 거예요.

하지만 성경은 분명히 '믿음이 있는 세례'만을 가르칩니다. 그래서 성경에는 항상 말씀이 먼저 오고, 그 말씀을 믿는 사람들이 세례를 받는 내용이 나오는 거예요(행2:41; 8:38; 22:16). 우리는 오직 믿음으로 의롭다 함을 받고 세례는 그 믿음의 결과로 주어지는 것이지 세례 자체가 우리를 의롭게 하는 게 아니에요. 마치 세례의 물이 성수처럼 우리를 거룩하게 만든다고 생각하는 건 잘못된 생각입니다.[66]

---

66) 하이델베르크 요리문답은 72문에서 이런 잘못된 생각을 다음과 같이 교정해줍니다. "물에 의한 외부적 씻음 자체가 죄를 씻어 줍니까? 아닙니다. 오직 예수 그리스도의 피와 성령만이 우리의 모든 죄를 씻어 줍니다."

2. 세례는 구원받았다는 증표로서 한 번만 받는다.

세례는 교회에서 평생에 한 번만 받아요. 어쩌면 어떤 분들은 다시 받기를 원하실 수도 있겠죠. 그러나 세례를 한 번만 베푸는 건 아주 중요한 의미가 있습니다. 세례는 구원받은 백성이 됐다는 증표이기 때문에 반드시 한 번만 베풀어야 하는 겁니다. 만일 반복해서 세례를 주게 되면 구원이 중간에 취소되어서 또 증표를 주어야 한다는 의미가 되어버립니다. 이러면 아주 잘못된 것이지요.

하나님께서 정하시고 이끄시는 구원에는 결코 취소가 없습니다. 한 번 받은 구원은 영원한 구원이지요. 그래서 세례는 믿음으로 의롭게 되어 구원 받았다는 증표로서 딱 한 번만 받는 겁니다.[67]

3. 세례는 결혼반지와 같다.

오늘 내용이 어려웠다면, "세례는 결혼반지이다."라고 쉽게 생각하시면 됩니다. 우리가 알듯이 결혼식은 매년 반복해서 올리는 게 아니거든요. 한 명의 배우자와 딱 한 번 올리고, 결혼반지를 꼈으면, 일평생 부부는 서로 한 몸이 되는 겁니다.

이처럼 세례는 우리가 예수님과 한 몸이 되었고, 영원히 끊어질 수 없는 관계가 되었음을 잘 보여주는 거예요. 그래서 우리는 세례를 반복해서 받기

---

67) 벨직 신앙고백서가 34장에서 역시 잘 말해줍니다. "...이러한 이유를 따라서 영생에 이르기 소망하는 모든 성도는, 우리가 두 번 거듭날 수 없기 때문에, 세례를 반복해서 받지 말고 오직 한번 받아야 한다고 우리는 믿는다. 이 세례는 물이 우리에게 뿌려지는 세례의식을 받을 때 뿐 아니라 우리의 전 인생을 통하여 유익이 된다."

를 원하기보다 한 번만 받는 의미를 잘 새기고 주님과 끊을 수 없는 사랑의 관계를 깊이 묵상할 필요가 있는 겁니다.[68]

* 더 생각해볼 유아세례

1. 유아세례를 주는 이유: 유아는 믿음을 갖기로 정해졌다.

전통적으로 교회는 신자의 가정에서 태어난 유아에게 세례를 베풀었습니다. 이를 "유아세례"라고 불러요. 우리가 배운 대로 생각하면, 이 유아세례에는 문제가 있습니다. 왜냐하면 이 유아세례는 예수님을 아직 믿지 못하는 유아에게 세례를 주는 것이기 때문입니다.

오늘날 침례교회나 재세례파는 이런 이유로 유아세례를 반대합니다. 그들은 유아세례가 성경에 근거도 없고 믿음이 없는 거짓 세례라고 비판해요. 하지만 유아세례는 전통적으로 구약의 성례인 할례에 기초해서 이해하여 시행한 겁니다. 쉽게 말해서 비록 유아가 아직 어려서 예수님을 믿지는 못하지만, 신자의 가정에서 태어났기 때문에 믿음을 갖기로 정해진 자녀로 이해했다는 거예요. 즉, 유아세례는 아직 믿음이 없는 유아이지만, 결국 하나님의 언약 안에서 정하신 때에 믿음을 가질 것을 내다보고 주는 구원의 증표입니다.[69]

---

68) 세례가 결혼반지와 같은 표식이 된다는 점을 벨직 신앙고백서가 34장에서 잘 지적합니다. "세례에 의하여 우리는 하나님의 교회 안에 인도되어서 다른 모든 사람과 이방 종교로부터 구별되며, 그의 표식과 증표를 지니므로 하나님께 온전히 속하게 된다."
69) 하이델베르크 요리문답이 74문에서 이를 잘 문답합니다. "유아들도 세례를 받아야 합니까? 그렇습니다. 어른들뿐 아니라 유아들도 하나님의 언약 안에 있는 하나님의 백성입니다. 유아들도 어른들

2. 유아는 하나님께서 맡기신 성도이다.

우리는 우리의 자녀를 "하나님께서 우리 가정에 보내신 성도"로 바라볼 수 있어야 합니다. 이것은 신자의 자녀에 대한 아주 전통적인 이해 중 하나이지요. 오늘날은 부모가 그리스도인이면서도 자녀가 종교를 스스로 택하도록 해야 한다고 생각하는 이들이 있습니다. 그래서 자녀에게 어떤 신앙적 의무를 요구하지 않은 채로 자연스럽게 세상 속에서 성장하며 종교를 알아서 택하도록 하는 겁니다. 하지만 이런 자녀 양육이 이 시대의 정신과 잘 조화를 이룬다고 해도 결단코 성경적이지 않음을 기억해야 합니다.

성경은 한 번도 자녀에게 종교를 자유롭게 택하도록 내버리라고 말한 적이 없습니다. 분명 성경에 따르면 자녀는 하나님께서 보내신 언약의 자손, 곧 성도입니다. 창세기가 이를 아주 잘 보여주지요(창세기 12장 이하를 참고하세요). 그래서 교회는 신자의 가정에 태어난 유아에게 말씀에 근거하여 성도의 증표인 세례를 베푸는 거예요.

못지 않게 그리스도의 피를 통한 죄의 용서와 믿음을 주시는 성령을 약속 받았습니다."

* 꼭 생각해보기

1. 여러분은 "유아세례"를 받았나요? 아니면 "성인세례"를 받았나요?

   만약 유아세례라면 그 기억을 부모님이랑 나눠보시고

   성인세례라면 친구나 주위 성도들과 함께 나누고 의미를 생각해봅시다.

2. 세례를 또 받고 싶다는 분들에게 우리는 뭐라고 조언해주어야 할까요?

   오늘 배운 내용으로 한번 생각해봅시다.

* 꼭 기억할 요점

1. 성찬은 우리를 위한 예수님의 죽으심을 기념하는 것이다.

우리는 성찬식에서 빵과 포도주를 먹습니다. 이것은 예수님께서 우리를 위해, 그분의 몸과 피를 우리에게 주셨음을 상징하는 겁니다. 그래서 우리는 성찬에 참여하며, 예수님의 이러한 죽으심을 말씀에 근거하여 잘 이해하고 묵상해야 합니다.[71]

2. 성찬은 우리가 주님과 한 몸이라는 사실을 확증한다.

우리가 성찬의 요소(빵과 포도주)를 먹는 것이 진짜 예수님의 살과 피를 먹는 것을 뜻하지는 않습니다. 하지만 이것은 우리가 영적으로 예수님과 연합하여 그분의 지체가 되었음을 나타내죠. 우리는 성찬을 통해 우리를 용서하시고 그분의 지체로 삼아주신 은혜에 감사해야 합니다.[72]

---

70) 성찬에 대해 간단하게 정리하기 좋은 책으로 이성호, 『성찬, 천국잔치 맛보기』(서울: 그라티아, 2016)를 추천합니다.

71) 웨스트민스터 신앙고백서 29장 1항이 이를 잘 말해줍니다. "(성찬) 예식은 교회에서 세상 끝 날까지 지켜야 할 것인데 그것은 그의 죽으심으로 인한 자신의 희생을 영구히 기념하게 하기 위함이다."

72) 그리스도와 한 몸으로 연합되었음을 벨직 신앙고백서가 35장에서 다음과 같이 잘 말해줍니다. "성

3. 성찬은 부활하신 예수님과의 잔치이다.

성찬에 대해 예수님의 죽음만을 생각하다 보면 주님의 부활을 잊기 쉽죠. 하지만 전통적으로 개혁교회들은 성찬을 빈번하게 시행할 뿐 아니라 이 성찬이 부활하신 예수님과의 영적 교제(잔치)라는 점을 더 많이 강조했습니다. 우리의 생각이 주님의 죽음에서 멈춰버리면 성찬은 그냥 애도에 불과하죠. 하지만 우리 주님은 부활하셨으며 승천하셨고 성령으로 우리와 함께 하시기 때문에 이 성찬은 살아있는 예식이고 놀라운 영적 잔치가 되는 겁니다. 따라서 우리는 주님의 죽음을 기념할 뿐 아니라, 부활하시고 승천하신 주님을 묵상하는 데까지 나아가야 하는 거예요.[73]

* 더 기억할 성찬의 견해들

1. 천주교회의 화체설 (trans-substantiation)

천주교회는 성찬의 떡과 포도주가 진짜 예수님의 살과 피로 변한다고 주장합니다. 물론 그들이 변한다는 요소는 아리스토텔레스가 분류하는 형상과 질료 중에 형상이 변한다는 것이지요. 그들이 기도하면, 형상은 예수님

찬을 통하여 그리스도께서는 다음과 같이 가르치신다: 우리가 떡과 잔을 우리 손에 받아서 우리 입으로 먹고 마실 때 그것에 의해서 우리의 생명이 유지되는 것과 같이, 우리의 유일한 구주이신 그리스도의 참된 몸과 피를 우리의 영적인 생명을 위하여 우리의 영혼으로 받는다."

73) 벨직 신앙고백서는 성찬을 통해, 지금도 살아계시고 승천하신 주님을 다음과 같이 묵상하라고 고백합니다. "... 예수 그리스도는 하늘에서 성부 하나님 오른편에 언제나 앉아 계시며 동시에 신앙으로는 우리와 교통하심을 중단하지 아니하신다. 성찬은 영적인 만찬으로 거기서 그리스도께서 자신과 함께 모든 복들을 우리에게 부어주신다."

의 피와 살이 되고, 질료는 포도주와 빵으로 유지된다는 겁니다. 그래서 성찬의 빵과 포도주를 그들은 성물처럼 존귀하게 여기도록 하죠. 하지만 이것은 빵과 포도주를 우상처럼 여기는 행위입니다.

2. 루터의 공재설 (consubstantiation)

루터Luther는 종교개혁 이후, 천주교회의 화체설을 비판하며 공재설을 주장했습니다. 이는 앞서 말하면, 질료와 형상에서 형상이 변하는 게 아니라 빵과 포도주의 형상에 예수님의 피와 몸의 형상도 추가되어서 존재한다는 견해입니다. 쉽게 말하면 빵과 포도주에 예수님의 피와 살도 함께 있다는 뜻이에요. 하지만 이 견해도 문제가 있습니다. 왜냐하면 예수님의 몸은 하늘에 승천하셨기 때문이죠. 즉, 승천하신 예수님의 몸을 이 땅에 끌어내리는 성찬식을 하게 되는 거예요.

3. 츠빙글리의 상징설 (symbolism)

츠빙글리Zwingli는 성찬이 단순히 예수님의 죽음을 기억하는 상징으로만 여겼습니다. 즉, 성찬에 있어서 신비한 이해를 완전히 없애버린 거예요. 그냥 기억만 하는 겁니다. 아마 츠빙글리는 군인이었기 때문에 죽은 군인을 기억하는 추도식과 똑같이 이해한 것으로 보입니다. 아무튼 츠빙글리의 상징설은 성찬을 단순한 상징으로만 만들어버려서 성찬의 중요성과 은혜의 방편으로서의 가치를 약화해 버렸습니다. 쉽게 말해 상징설에 따르면, 결국 성찬식은 떡과 포도주를 먹지 않아도, 기억만 제대로 하면 된다는 논리로 귀결됩니다.

4. 칼빈의 영적 임재설(spiritual presence)

칼빈Calvin은 종교개혁 2세대인 만큼 앞선 선배, 곧 루터Luther와 츠빙글리Zwingli의 문제점을 보완하는 성경적 견해를 제시하는데, 그게 바로 영적 임재설입니다. 이 견해는 개혁교회에서 널리 받아들여졌고, 지금까지도 다수의 교회가 성찬을 이렇게 이해합니다.

영적 임재설은 쉽게 말해 성찬식에 참여할 때 성령께서 임재하셔서 그리스도와 신자가 영적 교제를 이루게 된다는 견해입니다. 루터Luther나 천주교회와 같이, 떡과 포도주 자체에 의미를 두기보다 그것을 먹는 신자에게 의미를 두는 것이지요. 또한 루터Luther의 견해는 승천하신 예수님을 이 땅에 내려버리는 결과를 초래하지만, 영적 임재설은 오히려 우리가 성령에 의해 승천하신 예수님께 올라가는 **천상의 잔치**로 이해합니다. 그러므로 우리는 이 견해를 통해 성찬의 신비와 그 은혜를 바르고, 깊게 묵상할 수 있는 거예요.

* 꼭 생각해보기

1. 이제까지 성찬식을 어떤 마음으로 참여했나요?

   지난날 기억을 나누어보고, 앞으로 성찬을 어떤 생각과 마음가짐으로

   참여해야 할지를 함께 나누어봅시다.

2. 화체설, 공재설, 상징설, 영적 임재설을 각각 요약해서 말해봅시다.

"역사적 전천년설은 무엇인가요?"

(※ 본 장부터는 마지막으로 종말론을 다룰 겁니다.
특히 종말론에서는 "천년왕국"을 중심으로 구분되는 네 가지 견해가 있어요.
따라서 앞으로 이 네 가지 견해를 차근차근 살펴보도록 합시다.)

* 꼭 기억할 요점

1. 역사적 전천년설은 건전한 천년왕국 이전 예수님 재림설이다.

역사적 전천년설(Historical Premillennialism)은 천년왕국 이전에 예수님께서 재림하신다고 믿는 정통적 견해 중 하나입니다. 우리나라에는 박형룡, 박윤선 목사님과 같은 훌륭한 신앙의 선조들이 이 견해를 주장해왔지요. 이 견해는 역사적으로 아주 오래전부터 있었어요. 그리고 우리는 역사적 전천년설이 예상하는 종말의 도식을 아래와 같이 정리해볼 수 있어요(물론, 도식은 학자마다 차이가 있습니다).

> **역사적 전천년설의 도식**
>
> 대환란 → 예수님의 재림(성도의 부활, 휴거) → 천년왕국
> → 최후의 심판(불신자의 부활) → 새 하늘과 새 땅

2. 역사적 전천년설은 종말에 대해 비관적이다.

우리가 이 도식에서 알 수 있는 사실은 예수님의 재림에 앞서 대환란이 먼저 있다는 거예요. 즉, 세계의 역사는 시간이 흐를수록, 재림에 앞서는 대환란에 가까워지는 거예요. 그래서 역사적 전천년설은 마지막 때에 대한 비관적인 생각이 있습니다. 즉, "앞으로 세상은 더 악해질 것이다. 더 큰 재앙이 올 것이고, 큰 환난이 올 것이다."라는 생각이 전천년설과 아주 깊은 관련이 있는 거예요.

3. 주의 재림을 기다려야 하지만, 지금 일하시는 주님을 잊지 말아야 한다.

역사적 전천년설은 자칫 너무 미래를 비관적으로 생각해서 오늘날의 소망을 잃어버리기 쉽습니다. 즉, 앞으로 답은 예수님의 재림밖에 없고, 교회는 완전히 망할 거라는 생각입니다. 물론 역사에 있어서 최고의 답은 결국 주님의 재림에만 있는 게 맞죠. 하지만 우리는 지금도 일하시는 왕이신 주님을 잊지 말아야 합니다. 너무 현실을 비관해서는 안 되고 예수님이 지금도 교회를 보존하시고 새롭게 회복하시리라는 소망을 품을 수 있어야 해요.[74]

---

74) 벌코프(Berkhof)는 전천년주의자들이 예수님의 "머리"되심은 말하면서도, "왕"되심을 인정하지 않는다고 비판합니다. 벌코프, 『조직신학 (합본)』, 651. 쉽게 말하면, 전천년주의자들은 예수님이 왕으로서 지금도 만유를 다스리고 있음을 간과하고 재림만을 강조한다는 겁니다.

* 꼭 생각해보기

1. 여러분은 갈수록 세상이 어떻게 될 것으로 생각하시나요?

    더 악하고 환난(재난, 지진, 전쟁 등...)이 더 심해질 거라고 생각하십니까?

    아니면 좋아질 것이라고 생각하시나요? 이에 대해 자유롭게 나누어봅시다.

2. 가령 "역사적 전천년설"이 옳다고 가정하면,

    천년왕국은 과연 어떤 모습일까요? 이에 대해 상상하며 이야기해봅시다.

"후천년설은 무엇인가요?"

* 꼭 기억할 요점

1. 후천년설은 천년왕국 이후 예수님 재림설이다.

후천년설(postmillennialism)은 앞서 봤던, 역사적 전천년설의 반대라고 생각하시면 돼요. 예수님의 재림이 천년왕국 이후에 있다고 보는 것이 후천년설입니다. 우리가 역시 후천년설을 도식으로 정리하면 다음과 같습니다(마찬가지로 학자마다 도식은 차이가 있습니다).

후천년설의 도식

(A.D. 70년에 '대환란'으로 예루살렘 멸망)

→ (A.D. 70년 이후) '신약의 교회'의 발전 → 천년왕국(교회의 황금기)

→ 예수님의 재림 → 최후 심판 → 새 하늘과 새 땅

---

2. 후천년설은 천년왕국을 교회의 황금기로 이해한다.

후천년설을 지지하는 분들은 성경에 기록된 대환난이 예루살렘의 멸망 (A.D. 70)으로 성취됐다고 이해합니다. 즉, 성경의 대환난은 오늘날 우리에게는 이미 지나간 사건이라는 거예요. 그래서 신약의 교회는 환난을 만나도 성경이 말하는 그런 대환난은 이제 없으며 점점 발전하고 성숙하여 결국 천년왕국, 곧 황금기에 도달한다고 믿는 겁니다. 그리고 이러한 황금기 속에서 예수님이 재림하심으로 새 하늘과 새 땅이 되는 것으로 종말을 예측하는 거예요.[75]

3. 후천년설을 건전하게 주장했던 학자는 역사 속에 아주 많다.

한국교회의 풍토는 종말을 비관적으로 예측하는 게 보편적이기 때문에 후천년설을 아주 진보적이고, 자유주의적인 견해라고 생각합니다. 물론 자유주의적인 후천년설이 실제로 있습니다. 하지만 역시 건전한 후천년설도 있다는 걸 기억해야 합니다. 실제로 이를 지지한 학자들로는 찰스 핫지Charles Hodge, B.B. 워필드B. B. Warfield, 그레샴 메이첸Gresham Machen, 존 머레이John Murray, 조나단 에드워즈Jonathan Edwards, R.C. 스프로울R. C. Sproul 등이 있습니다. 사실 세계대전 이전에는 오히려 후천년설이 더 많았다고 볼 수 있지요. 따라서 우리는 후천년설을 주장하는 분들을 함부로 정죄하거나 이단으로 쉽게 몰아세워선 안 됩니다.

---

75) 물론 성경이 말하는 배교나 환난에 대한 해석은 학자마다 차이가 있지만, 후천년주의자들은 모두 교회의 "황금기"가 재림 전에 있을 것이라는 기대를 공통으로 가지고 있습니다. 자세한 내용은 안토니 후크마, 『개혁주의 종말론』, 이용중 역, (서울: 부흥과개혁사, 2012), 247-254를 참고하시기 바랍니다.

4. 교회의 미래를 긍정적으로 보는 건 좋지만, 부정적 미래도 고려해야 한다.

후천년설을 지지하는 분들은 교회의 미래를 긍정적으로 봅니다. 따라서 현재가 부정적이라도, 내일에 대한 긍정적인 생각을 가지고 열심히 교회 생활을 할 수 있습니다. 예를 들면 오늘날 코로나 19로 무척 어려운 시대이죠.

하지만 후천년설은 이런 시국에도 교회의 황금기에 대한 소망을 품을 수 있습니다. 즉 이들은 오늘날의 어려운 상황에도 쉽게 좌절하지 않는 거예요. 그러나 이들은 자칫 긍정적 시각 때문에, 환난에 대한 준비를 간과할 수도 있습니다. 안 좋은 내일이 닥칠 것을 잊어버리고 살다가 급작스러운 환난에 쉽게 넘어질 수 있는 거예요.

* 꼭 생각해보기

1. 앞으로 "VR", "인공지능"의 시대가 올 것이라고 합니다.

   후천년주의자들은 이것을 교회가 잘 활용하여 더 신앙생활을 잘할 수 있게

   될 거라고 기대하지요. 그런데 과연 교회에 긍정적인 영향만을 줄까요?

   여러분이 생각하는 긍정적인 효과와 부정적인 효과를 함께 나누어봅시다.

2. 사실 "천년왕국설"의 대세는 1, 2차 세계대전 이후로

   "후천년설"에서 "전천년설"로 완전히 역전됩니다. 왜 이렇게 되었을까요?

   지금까지 배운 전천년설과 후천년설의 내용에 비추어서 함께 나누어봅시다.

슬기로운 신앙생활 (36)

"세대주의 전천년설은 무엇인가요?"[76]

(※ 세대주의 전천년설은 정통교회에서 위험한 견해로 분류합니다.
왜 위험할까요?
우리가 이것을 알려면 이 견해가 "어디서"부터 "왜" 등장하고
어떤 "발전 과정"을 거쳤는지를 역사적으로 살펴볼 필요가 있습니다.
우리가 이에 대해 함께 살펴봐요)

* 꼭 기억할 세대주의의 역사

1. 세대주의 전천년설의 창시자: 존 넬슨 다비[J. N. Darby]

우리가 제일 먼저 주목할 인물은 "존 넬슨 다비"[J. N. Darby]입니다. 그는 1800년 영국 아일랜드에서 태어났고, 소명을 받아 아일랜드 교회의 목사님이 되었지요. 그런데 어느 날부터 다비[Darby]는 기존 교회에 큰 불만을 품게 됩니다. 그래서 그는 아일랜드 교회를 그만두고, "폴리머스 형제단"이라는 단체에 들어가게 됩니다.

---

76) 세대주의 전천년설을 잘 연구하고 비판한 책으로 안토니 후크마, 『개혁주의 종말론』, 262-308. 또 논문으로는 송영목, "요한계시록의 세대주의 전천년설과 역사적 전천년설 비평", 『교회와 문화』, 30 (2013), 149-186을 참고하시기 바랍니다.

2. 세대주의 연구소: 폴리머스 형제단

그가 들어간 "폴리머스 형제단"은 세대주의를 연구하는 단체입니다. 물론 이때도 세대주의가 있었지만 아주 소수의 견해였고, 잘 알려지지도 않았었죠. 그리고 여기에 들어간 다비Darby는 이 단체에서 세대주의 연구를 시작합니다.

여기서 했던 세대주의 연구는 소위 **시대 맞추기 게임**입니다. 쉽게 말해 성경의 사건이나 숫자를 가지고, 오늘날로 과도하게 대입시키는 연구를 하는 거죠. 예를 들어 성경에서 완전수는 "7"입니다. 그런데 이들은 이 사실에 근거해서 인류 역사도 "7000년"이라고 섣부르게 단정을 해버리죠. 그래서 구약은 "4000년", 신약은 "2000년", 재림 이후 천년왕국은 "1000년"이기 때문에 A.D. 2000년이 되면, 예수님이 재림한다고 주장합니다. 그러니까 이런 식으로 과도한 "숫자 놀이"를 하는 것이지요. 어떤 느낌인지 대충 감이 오실 겁니다.

3. 스코필드 관주 성경(Scofield Reference Bible)의 등장

다비Darby는 폴리머스 형제단에서 세대주의 연구를 열심히 해서 자신만의 이론을 만들어냅니다. 그리고 미국으로 건너가죠. 그다음 그는 자신만의 견해로 부흥회를 하기 시작합니다. 그리고 그 부흥회에서 다비의 설교를 듣고, 매료당한 분이 바로 침례교회의 스코필드C.I Scofield 목사입니다.

스코필드Scofield는 다비Darby에게 크게 감명을 받고, 부흥회의 내용을 토대로, "킹 제임스 성경"(KJV)에 관주를 달기 시작합니다. 여기서 관주라는 건 쉽게 말해, 구절마다 짧은 해석(주석)을 달아놓는 거예요. 그리고 이렇게 해서 완성된 성경이 바로 그 유명한 "스코필드 관주 성경"(Scofield Reference Bible)이에요.

4. 스코필드 관주 성경(Scofield Reference Bible)의 열풍

스코필드 관주성경은 공식적으로 1909년에 출판되었습니다. 그런데 우리가 알듯이, "1차 세계대전"(World War 1)이 1914년에 발발되었죠. 세계대전은 일순간 미래에 대한 긍정적 생각, 곧 후천년설을 무너뜨렸습니다. 그리고 사람들은 미래에 대한 비관적 예측으로 급격하게 돌변하기 시작했죠. 그런데 마침 이때, 스코필드 관주 성경이 사람들의 눈에 띄게 되었습니다. 왜냐하면 스코필드 관주 성경은 요한계시록의 "아마겟돈 전쟁"과 같은 구절들을 "현대 전쟁"으로 이해할 여지를 주었기 때문이죠. 그래서 사람들은 스코필드 관주 성경에 열광하고, 이로 인해 본격적으로 세대주의 전천년설은 유행하게 되었습니다.

5. 다양한 세대주의 전천년설의 등장

스코필드 관주성경 이후로 세대주의 전천년설은 많은 교회에서 가르쳐지고, 또 신학교에서 연구되기 시작합니다. 그러면서 여러 형태로 변화된 견해들이 등장했습니다. 대표적으로 몇 가지를 소개하면 아래와 같습니다.

1) 달라스 신학교의 존 월부드(John F. Walvoord, 1910-2002)

월부드Walvoord는 요한계시록에 나오는 아마겟돈 전쟁이 유럽 연합과 러시아, 그리고 중동 이스라엘의 석유 전쟁이라고 해석했습니다. 성경의 사건을 오늘날에 그대로 대입을 시킨 것이죠. 전형적인 세대주의 해석입니다.

2) 홀 린세이Hal Lindsey의 『신세계의 도래』(There's a New World Coming)

린세이Lindsey는 신학교 교수는 아니었으나, 당시 유명한 작가였죠. 그는 세대주의에 상당히 심취해 있었고, 달라스 신학교에서 공부한 뒤, 『신세계의 도래』(There's a New World Coming)라는 책을 씁니다. 사실 이 책 외에도 여러 책이 있죠. 그는 계시록의 바벨론을 유럽 연합이라고 주장했고, 짐승의 표 666은 컴퓨터 바코드이며, 또 유럽 연합이 미국을 위협해서 3차 세계대전을 일으킬 것이라고 주장했습니다. 우리는 세대주의의 견해들이 모두 미국을 우호적으로 해석하고 있음에 주목할 필요가 있습니다.

3) 메어리 렐프Mary S. Relfe의 『세계정부의 666』

메어리 렐프Mary S. Relfe는 『세계정부의 666』에서 린세이Lindsey와 마찬가지로 **666**을 컴퓨터 바코드와 연결시켜 보려고 상당한 노력을 했습니다. 그리고 바코드에 숨어 있는 666이 결국 거짓 메시아가 지배하는 **세계 단일 정부**와 관련이 있다고 주장했죠. 사실상, 그녀의 견해에 따르면, 666에 짐승의 표인 암호가 있기 때문에 카드, 바코드 같은 것을 사용하면 안 됩니다. 그러나 이는 성경적으로 또 현실적으로도 전혀 근거가 없습니다.

* 꼭 기억할 세대주의의 특징

1. 시한부 종말론에 취약하다.

시한부 종말론이라는 건 예수님의 재림이나 혹은 종말의 사건을 정확히 예측하려는 겁니다. 세대주의는 자꾸 성경 말씀을 오늘날 사건과 끼워 맞추려고 하다 보니, 터무니없는 예측을 하게 되고, 이로 인해 사회에 큰 소동을 일으키기도 하죠. 실제로 우리나라에 "다미 선교회 소동"이 이런 소동에 해당합니다.

2. 〈킹제임스 성경〉이나 〈스코필드 관주 성경〉을 과도하게 강조한다.

스코필드 관주 성경은 사실상 세대주의 해석의 뿌리라고 할 수 있습니다. 또한 이 성경은 킹 제임스 성경에 관주를 붙인 것이지요. 그래서 세대주의자들은 이 두 가지 성경만이 마치 유일하게 올바른 성경처럼 주장합니다. 그러나 이는 역사적으로나 사본학적으로 전혀 근거가 없습니다.

3. 세대주의 해석에 근거한 친미 성향이 있다.

우리가 앞서 본 것처럼 세대주의 해석은 1-2차 세계대전과 관련이 있고, 또 미국에서 시작됐기 때문에 항상 미국을 좋게 해석하는 경향이 있습니다. 즉, 계시록의 바벨론이나 짐승은 유럽 연합과 연결을 시키고, 백마 탄 자는 미국과 연결을 시키죠. 그래서 이런 계시록에 대한 세대주의적 해석으로 미국을 옹호하는 겁니다. 물론 우리가 민주주의 사회에서 정치적 판단으로 미국을 지지할 수 있죠. 하지만 세대주의자들과 같이 계시록의 해석을 가지고 미국과 연결시키는 건 위험한 태도입니다.

4. 세대주의 해석은 성도들에게 음모론을 조장한다.

세대주의는 성경의 종말에 대한 예언들을 오늘날 국제 정세와 연결시키기 때문에 결국 성도들이 음모론에 휩싸이게 됩니다. 예를 들어 오늘날 미국의 배후에 숨어 있는 어떤 세력이 있다든지, 일루미나티(illuminatus), 프리메이슨(Freemason)과 같은 비밀 조직에 대한 음모를 성경으로 말하는 것이 오늘날 세대주의 해석에 해당하지요.

우리는 이런 견해들로 인해 음모론에 휩싸여 불안해할 필요가 없습니다. 왜냐하면 이는 전통적인 해석도 아닐뿐더러 건전한 성경 주해에서 나온 해석이 아니기 때문이에요. 우리는 오늘날 이런 음모론을 조장하는 세대주의 해석을 경계해야 합니다.

* 꼭 생각해보기

1. 혹시 오늘 세대주의 전천년설을 배우면서 주위에서 이런 견해를 들어본 적이 있나요? 혹시 있다면 함께 나누어봅시다.

2. 마지막으로 왜 세대주의가 위험한지 그 위험성을 서로 나누어봅시다.

* 꼭 기억할 요점

1. 무천년설은 현재적 천년왕국설이다.

무천년설(Amillennialism)은 "없을 무"(無) 때문에 천년왕국이 아예 없다고 생각하기 쉬워요. 하지만 무천년설은 이런 뜻이 아니라 지금이 천년왕국이라는 의미입니다. 그래서 **현재적 천년설**이 더 정확한 표현이지요. 역시 무천년설도 도식으로 정리하면 다음과 같습니다(역시 학자마다 도식은 다를 수 있습니다).

무천년설의 도식

천년왕국(교회 시대), 대환란 → 예수님의 재림(성도의 부활)

→ 최후 심판 → 새 하늘과 새 땅

---

2. 무천년설은 (후천년설과 달리) 대환난과 천년왕국이 겹친다.

무천년설은 천년왕국 이후 예수님의 재림이기 때문에 후천년설과 도식이 유사합니다. 하지만 후천년설은 성경의 대환란을 이미 이루어진 사건으로 보지만(A.D. 70에 이미 이루어짐), 무천년설은 지금 이루어지고 있는 것으로 보는 거예요. 무천년설에 따르면 지금이 천년왕국 시대이고, 지금이 대환란입니다. 따라서 무천년설은 대환란과 천년왕국이 겹친다고 말할 수 있는 겁니다.

3. 무천년설은 교회의 미래가 좋을 수도 있고, 나쁠 수도 있다고 본다.

다수의 학자는 무천년설을 가장 건전한 견해로 평가합니다. 왜냐하면 교회의 미래에 대해 한쪽으로 치우치지 않고, 다소 균형 잡힌 관점을 갖기 때문이죠. 즉, 너무 긍정적이지도 않고, 너무 부정적이지 않습니다. 왜냐하면 앞서 말했듯이, 무천년설에서 교회는 지금이 천년왕국이면서도 대환란이기 때문입니다. 환란도 올 수 있고, 천년왕국과 같은 황금기가 올 수도 있다고 보는 거예요. 그래서 무천년설은 미래를 중립적으로 예측한다고 볼 수 있는 겁니다.

* 꼭 기억할 종말론의 핵심

1. 예수님이 재림하시는 시기와 정확한 상황은 모른다.

우리가 앞서 본 건전한 견해들은 결국 종말에 대한 성경적 예측에 불과합니다. 우리는 종말에 정확히 무슨 일이 일어날지, 또 그 시기가 언제인지 알 수 없는 거예요. 오직 미래는 하나님만이 아시고, 우리는 미래를 정확히 알지 못합니다. 우리는 이 사실을 기억하고 오늘날 미래를 정확히 예측하려는 잘못된 종말론을 경계해야 합니다. "몇 년도 몇 날 몇 시"에 예수님이 오신다거나, 또 어떤 전쟁이나 특정 전염병이 유행할 거라는 예측은 아주 위험한 태도입니다. 성경은 그렇게 세세하게 종말 예측해 보라고 우리를 가르치지 않습니다.

2. 역사적 전천년설, 무천년설, 후천년설은 모두 건전한 견해이다.

우리는 이 세 가지 중 꼭 이것만 맞고 나머지는 다 틀렸다고 생각해선 안 됩니다. 우리 가운데 종말에 대해 다소 긍정적일 수도 있고 부정적일 수도 있고 또 중립적일 수도 있습니다. 그러나 어찌 됐든, 우리는 종말에 정확히 무슨 일이 있을지 알지 못하고, 겸손히 주님의 재림을 기다리는 태도를 취해야 합니다. 이 세 가지 견해는 결국 성경에 근거한 조심스러운 예측에 불과합니다. 우리는 이 사실을 기억해야 합니다.

3. 가장 중요한 건, 종말을 준비하는 우리의 믿음(혹은 신앙의 태도)이다.

　오늘날 많은 거짓 가르침이 성경을 이상한 방법으로 해석해서 종말을 함부로 예측하도록 유도하곤 합니다. 그래서 많은 이들이 미혹되곤 하지요. 그러나 우리는 언제나 성경이 종말을 정확하게 예측하도록 가르치는 게 아니라 종말까지 신실하게 믿음을 지킬 것을 가르치고 있음을 반드시 기억해야 합니다. 예수님의 "종말 강화"(마25장 참고)가 종말을 바라보는 우리의 이러한 태도를 잘 가르치고 있지요. 신랑, 혹은 주인이 언제 올지가 중요한 게 아니라 신랑과 주인이 언제든지 와도 우리는 준비가 되어 있어야 한다는 겁니다.[77]

---

77) 웨스트민스터 신앙고백서의 마지막 고백(33장 3항)이 이 사실을 너무 잘 말해줍니다. "그날을 사람들에게 알리지 않으셔서 사람들이 어느 때에 주께서 오실는지 알지 못하므로 모든 육적인 안전감을 버리고 항상 깨어 '오시옵소서 주 예수여, 속히 오시옵소서'라고 말할 수 있도록 준비되어 있게 하셨다. 아멘."

1. 무천년설은 가장 안전한 견해로 평가를 받지만,

   전천년설과 후천년설 지지자들이 무천년설을 비판합니다.

   어떤 점을 비판할까요? (힌트: 애매함)

2. 오늘 정리한 종말론의 핵심이 뭐라고 생각하세요?

   여러분의 말로 정리해서 말해봅시다.

나가는 말

처음 본 원고를 카도쉬 TV에서 방영된 『슬기로운 신앙생활』의 교보재로 제공하려는 의도로 작성했고, 또 제가 졸업논문을 쓰는 과정에서 남은 시간을 조금씩 할애하여 작성했기 때문에 다소 미흡하고 부족한 부분이 많은 글입니다.

그런데도 먼저 이 글들을 책으로 출판하자는 뜻밖에 제의해주시고, 과감하게 이 일들을 추진해 주신 카도쉬 대표 이재욱 목사님께 먼저 감사의 말씀을 먼저 드리고 싶습니다. 또 부족하고 형편없는 글에 대해 아랑곳하지 않고, 교정 작업을 해주셔서 완전히 새로운 책으로 탈바꿈해주신 박준우 목사님, 또 본서에 대해 추천사를 친히 써주신 이상원 교수님, 김민호 목사님, 박광서 목사님께도 역시 감사의 말씀을 드립니다.

사실 제가 저자로서 솔직하게 말씀드리면, 본서는 여러 한계를 가지고 있습니다.

첫째, 본서는 난이도에 있어서 고르지 못한 경향이 있습니다. 즉, 어떤 주제는 초등학생 수준의 쉬운 문장으로 구성됐지만, 또 어떤 주제는 고등학생이 보기에도 어려운 부분이 있습니다.

둘째, 저는 모든 주제를 개혁 신학의 범주에서 여러 견해를 포용하려는 의도로 작성했지만, 독자분들이 보시기에는 너무 편협하거나, 혹은 너무 포용적으로 보이는 주제도 있을 겁니다.

셋째, 본서에서는 통상 조직신학에서 논의되는 모든 주제와 개념들을 정밀하게 다루지는 않았습니다. 그래서 어쩌면 여러분이 보시기에는 꼭 다루어야 할 주제나 개념이 등장하지 않아, 다소 실망하신 분들도 있을 겁니다.

제가 이런 본서의 약점을 솔직하게 말씀드리는 이유는 본서를 활용할 때, 독자분들이 이런 부족한 부분들을 직접 보완하셨으면 하는 바람이 있기 때문입니다. 본 교재에 이런 약점이 있기에 여러분께서 이런 점들을 고려하시고, 학생이나 자녀들과 함께 공부하실 때, 부족한 부분을 직접 채우거나 보강하면 더욱더 유용하게 활용할 수 있으리라 생각합니다.

마지막으로 독자들에게 드릴 말씀은 이 책이 앞서 언급한 것처럼, 그 난이도나 주제에 있어서 여러모로 고르지 못하다는 점입니다. 그래서 이 부분에 있어서 아주 송구하게 생각하고 있으며, 추후 연령별이나 수준별로 각 교리의 주제를 다루는 교재의 제작을 위해 노력하도록 하겠습니다.

또한 여러분이 이 영상과 교재를 보면서, 설령 저의 부족함과 무지함을 더 알게 되었다고 해도 여러분이 조금이라도 교리에 더 관심을 가지고, 또 교리가 왜 필요한가를 깨닫는 귀중한 계기를 얻게 되었다면 저는 본 교재가 품었던 가장 중요한 목적을 온당하게 잘 달성했다고 생각합니다. 저는 오로지 작금의 코로나 19 이후 한국교회가 조금이라도 더 성경적이고, 더 나은 내일로 나아갈 수 있었으면 하는 바람입니다.

지금까지 『슬기로운 신앙생활』의 영상을 시청해주시고, 또 교재를 직접 사용해주신 모든 독자에게 진심으로 감사의 말씀을 드립니다.

2021년 9월 제주도에서

강희현

『슬기로운 신앙생활』의 강의 영상은

카도쉬아카데미의 공식 유튜브 채널인

〈카도쉬TV〉에서

볼 수 있습니다